卢　伟　丛湖平·著

A Study on the Factors of

Chinese Folk Football Competition
Organizations' Development and Their Relationship

中国民间足球竞赛组织
发展要素及其作用关系研究

ZHEJIANG UNIVERSITY PRESS
浙江大学出版社

图书在版编目（CIP）数据

中国民间足球竞赛组织发展要素及其作用关系研究 /
卢伟，丛湖平著. —杭州：浙江大学出版社，2021.4
ISBN 978-7-308-21119-2

Ⅰ.①中… Ⅱ.①卢…②丛… Ⅲ.①足球运动—研
究—中国 Ⅳ.①G843.92

中国版本图书馆 CIP 数据核字(2021)第 037503 号

中国民间足球竞赛组织发展要素及其作用关系研究
卢　伟　丛湖平　著

责任编辑	吴伟伟　马一萍
责任校对	陈逸行　徐子理
封面设计	雷建军
出版发行	浙江大学出版社
	（杭州市天目山路 148 号　邮政编码 310007）
	（网址：http://www.zjupress.com）
排　　版	浙江时代出版服务有限公司
印　　刷	杭州高腾印务有限公司
开　　本	710mm×1000mm　1/16
印　　张	10
字　　数	168 千
版 印 次	2021 年 4 月第 1 版　2021 年 4 月第 1 次印刷
书　　号	ISBN 978-7-308-21119-2
定　　价	48.00 元

目　录

第一章　导论…………………………………………………………… 1

　　第一节　研究背景与意义 ………………………………………… 1

　　第二节　相关理论 ………………………………………………… 4

　　第三节　民间足球竞赛组织相关研究述评 …………………… 22

　　第四节　研究框架、技术路线、研究方法和创新点 ………… 38

第二章　民间足球竞赛组织的社会价值与经济价值 …………… 53

　　第一节　民间足球竞赛组织的社会价值 ……………………… 53

　　第二节　民间足球竞赛组织的经济价值 ……………………… 56

第三章　我国民间足球竞赛组织的发展阶段及其组织特征 ……… 58

　　第一节　民间足球竞赛组织的发展阶段 ……………………… 58

　　第二节　民间足球竞赛组织各发展阶段的主要特征 ………… 65

第四章　我国民间足球竞赛组织发展的内、外要素结构 ……… 69

　　第一节　民间足球竞赛组织发展的内在要素结构 …………… 69

　　第二节　民间足球竞赛组织发展的外在要素结构 …………… 73

第五章　民间足球竞赛组织发展内、外要素作用关系分析 …… 79

　　第一节　民间足球竞赛组织各发展阶段的内在主导要素 …… 79

　　第二节　民间足球竞赛组织各发展阶段的外在主导要素 …… 87

　　第三节　内、外要素与民间足球竞赛组织发展的动态关系 ……… 95

　　第四节　民间足球竞赛组织发展的内、外要素交互结构关系 …… 102

第五节 民间足球竞赛组织发展内、外要素作用关系模型 ········· 107

第六章 案例研究——以南岭铁狼杯七人制足球竞赛组织为例········· 114

第一节 南岭铁狼杯七人制足球竞赛组织简介 ················· 114

第二节 南岭铁狼杯七人制足球竞赛组织的发展阶段及其内、外
要素 ·· 115

第七章 研究结论与建议 ···································· 125

第一节 研究结论 ·································· 125

第二节 民间足球竞赛组织发展建议 ················· 127

第三节 研究局限与展望 ···························· 131

参考文献 ·· 133

附录 1 ··· 146

附录 2 ··· 151

附录 3 ··· 152

附录 4 ··· 157

第一章　导论

第一节　研究背景与意义

一、研究背景

一直以来,"民间足球"与其他民间体育活动一样,处于自娱自乐、非正规化发展的状态。但是近年来,我国很多地区,特别是广东、上海、北京等地的民间足球竞赛活动呈现出十分火热的态势,拥有多个民间足球竞赛组织,佛山、深圳、广州等地的民间足球竞赛组织更是多达数十个。2016年4月6日,国家发展改革委员会发布《中国足球中长期发展规划》,其中提到:目前社会足球已初具氛围,社会各界积极开展足球活动,每年举办2万余场业余足球比赛。大众足球数据采集与分析公司Open Play发布了《大众足球市场概况与商业化对策》的报告,报告显示,以达到或超过三个比赛日为标准,中国每年有7500多个业余足球赛事,其中,社会化赛事比例约占50%,在社会化赛事品牌中,有持续财力支持,年例化或更频繁办赛的赛事数量有2500个左右。经过不断发展,许多民间足球竞赛组织的组织化、制度化程度已经达到了较高的水平。例如,"南岭铁狼杯七人制足球赛""世纪联盟超级联赛""广东足球超级联赛"等,这些组织通过各种方式和途径获得相应的资源,建立运动竞赛相关的各类制度,形成较为完整的制度供给机制,具备较为完善且成文的注册、转会、升降级等基本竞赛规程,并成立了相应的竞赛组织职能部门,如竞赛部、财务部、后勤部、外联部、纪律委员会、诉讼委员会等。诸多相关研究也同样显示我国许多民间足球竞赛组织已经形成了较为合理、连贯稳定的竞赛制度,并且已建立规范化、制度化、等级化的联赛体系(张剑平,2014;丘乐威、焦峪平,2015;吴香芝等,2012)。

部分赛事组织已经具备了较大的规模和影响力,拥有数百支参赛队伍,分为多个级别,每年举办比赛数千场。以广东联盟杯七人制足球赛为例,2013年首届广东联盟杯开设广州八大赛区,共168支队伍,参赛人数达3000多人;2014年开始向省内其他城市扩展,增至12个赛区,460多支队伍参赛,9000多名球员参与其中;2015年共设18个大赛区,700多支球队、12000多人参赛,比赛场次高达1108场;2016年增加到23个赛区,参赛球队增至800多支,参赛球员超过14000人。2017年,广东联盟杯对赛事进行了进一步规范和精简,提高了参赛要求,淘汰了部分不符合新规的赛区和球队,共设立19个分赛区,有530支球队、8639名球员参赛,赛事共持续6个多月。同属广东、由广东民间足球促进会举办的广东足球超级联赛,2017年也发展至广东17个地级市和广西梧州,共设20多个赛区,近10000人参赛。

在区域民间足球快速发展的同时,全国性的民间足球联赛也形成布局。2015年,刘孝五等人创建了中国五人足球分省联赛,将较为成熟的五人制足球3级联赛——粤超、粤甲和城市冠军杯模式推广到其他省、自治区、直辖市。首届中国五人足球分省联赛在全国12个省、自治区、直辖市正式开赛。发展至2017年,赛事已经覆盖全国31个省、自治区、直辖市,149个地级行政区,单个赛季有数万名球员参赛。在我国西部地区,民间足球竞赛也同样发展迅猛,由桂林日报社主办的桂林五人制足球赛从1999年开始至2017年已经连续举办了19届,2017赛季共吸引了全市各县区、各行业的116支队伍,超过1000名球员参赛。

民间足球赛事实现了快速发展,然而,长期以来,关于大众体育的发展,人们总是习惯于关注政府公共体育资源配置结构与机制方面的改革,而忽视了"民间体育组织"的发展状况,实际上民间体育组织已经在不同程度上与政府一起承担着提供大众体育服务的职能。这些民间足球竞赛组织弥补了公共体育服务供给的不足,是我国公共体育服务多元主体治理的成功案例,这有利于改善社会治理结构,促进社会和谐发展。另外,民间足球竞赛组织的发展对于我国职业足球和体育产业的发展同样意义非凡。首先,民间足球可以为职业足球发展奠定扎实的市场基础和后备人才基础,民间足球是球迷自己的比赛,是中国足球金字塔的"塔基",办好这些球迷身边的联赛,有利于巩固职业足球发展的市场基础。发展职业足球必须加强青少年足球运动员培养已经成为各界人士的共识,在青少年足球训练、比赛等各个方面,民间足球竞赛组织也都积极组织和参与,相信假以时日必见成效。其次,民间足球竞赛组织还可以为我国职业足球改革提供借鉴。联赛管理体制和运行机制的落后是制约我国职业足球发展的重要原因,我国民间足球竞赛组织属于自发性质的竞赛组织,是基于市场合作与博弈而形成的一种契约关系,民间足球竞赛的组织与制度创新实践值得我国职业足球研究者与管理者密切关注。在体育产业方面,民间足球竞赛对于体育场馆建设、体育用品制造、体育赞助、体育传媒的发展都具有积极的推动作用,拥有广泛球迷基础的民间足球竞赛产业必将是 2025 年实现 5 万亿元体育产业目标不可或缺的一个部分。

2014 年 10 月 20 日,国务院发布《关于加快发展体育产业促进体育消费的若干意见》(国发〔2014〕46 号),将"大众体育和体育消费"上升至国家战略高度,并明确提出大力推广"社会(民间)足球"。2015 年 3 月 8 日,国务院印发了《中国足球改革发展总体方案》,方案第六条为"普及发展社会足球",提出推动足球运动普及,推动社会足球与职业足球互促共进。2016 年 4 月 6 日,国家发改委印发《中国足球中长期发展规划(2016—2050 年)》,提出支持社会足球赛事活动,鼓励以多种形式组建社区足球队、社区足球协会和区域性非职业足球联盟,力争近期全社会经常参加足球运动的人数超过 5000 万人。基于《关于加快发展体育产业促进体育消费的若干意见》《中国足球改革发展总体方案》《中国足球中长期发展规划(2016—2050 年)》的精神和民间足球竞赛组织发展的新情况,以及体育活动审批放开的基本背景,我国民间足球竞赛组织必将得到进一步发展,为我国大众体育事业与产业的发展做出更大的贡献。

虽然民间足球竞赛组织的正式化、制度化程度尚无法与职业体育竞赛组织相比,学者们关于我国民间足球竞赛组织当下所处的发展阶段,即正式化、制度化程度,也存在着不同的观点,然而,不可否认的是,经过近年的发展,许多组织的正式化、制度化程度较其成立之初已经有了较大的提升,民间足球竞赛组织间已经出现了较为明显的阶段差异,并且这一发展趋势仍将不断继续。

基于以上所述,本书旨在研究我国民间足球竞赛组织在外部资源与自身能力不足的状态中,为什么能够快速发展,实现组织正式化、结构化、制度化水平的较大提升?

本研究由以下几个子问题构成:

(1)我国民间足球竞赛组织程度不同地存在资源(人、财、物)与能力不足的状态,但仍能以其特有的方式生存并实现快速发展,是怎样的内在"引力"或内生"需求"造就了其当下的发展状态。

(2)我国民间足球竞赛组织的发展具有动态性,从创建到相对结构化、制度化经历连续过渡的过程中,除了其内在"引力"作用外,外在环境因素(技术环境和制度环境)在各个阶段的发展中起着什么作用。

(3)从系统的角度看,民间足球竞赛组织的发展是结构化和制度化的过程,必然要求民间足球竞赛组织内部"动力要素"与外部"环境要素"进行互动,内部动力要素与外部环境要素是如何交互的。

二、研究意义

(一)理论意义

揭示我国民间足球竞赛组织生存、变动和发展的内、外要素及其发展过程中内、外要素的交互关系结构,较为完整地呈现其内、外要素作用关系,以提升人们对我国民间足球竞赛组织发展规律的认识。

(二)实践意义

在把握上述民间足球竞赛组织内、外作用力关系结构的基础上,研究不仅能够为政府进一步促进民间竞赛组织发展提供对策建议,还可以为我国职业体育改革、职业体育联盟的构想提供有价值的借鉴。

第二节　相关理论

一、组织结构理论

(一)组织结构的内涵

在经济学、管理学研究中,关于组织结构的内涵,学者们基于各自不同的视角提出了自己的看法:Chandler(1962)是较早对组织结构内涵进行界定的学者,他将组织结构定义为管理一个企业所采用的组织设计,主要包括两方面,即各个管理机构和主管之间的沟通及权力路线,以及通过这些路线所传送的信息。Mintzberg(1979)简单地把组织结构定义为组织内部工作分工及协同方式的总和。Robbins(1983)则认为组织结构是组织中正式确定的使工作任务得以分解、组合和协调的框架体系,它决定了任务分配、报告关系、协调机制和互动模式等。Child(1984)认为,组织结构是支撑组织运行的一个基本架构,包含三个部分:一是管理层次和管理幅度;二是确定将个体组合成部门以及将部门组合成整个组织的方式;三是跨部门沟通、协作和整合的制度设计。

国内学者吴培良等(1998)将组织结构定义为组织全体员工为实现目标,进行分工协作,在职务范围、责任、权力方面所形成的结构体系;王璞(2003)认为组织结构是指一个组织内各构成要素以及它们之间的相互关系,它描述组织的框架体系;薛红志(2011)指出,组织结构是指组织的基本框架,是为完成组织目标在管理工作中进行分工协作,在职务范围、责任、权力方面所形成的结构体系;刘益等(2015)认为,组织结构是指企业为实现目标,对工作进行分工和协作,在职务范围和权责关系等方面所形成的结构体系。

结合学者们对于"组织结构"定义的观点及"结构"的本质含义,本书认为"组织结构"是指由组织成员分工、协作、互动、决策的一系列运行机制及保证机制正常运行的规章制度和组织机构构成的框架体系。组织结构在整个组织体系中起着基础框架的作用,只有具有了结构,组织才能被称为组织,组织中的人流、物流、信息流才能正常流通互动,才能达成组织的目标。组织结构包含"基本结构"和"运行机制"两个基本内涵。其中,"基本结构"比较具体,主要体现在组织机构设置上;"运行机制"则相对比较抽象,更具有动态性。运行机制是"基本结构"框架下协调各组织成员和组织单元之间分工、协作关系的一系列制度安排。基本结构是运行机制的现实载体,不同的基本结构会产生不同的运行机制。在当下竞争环境动态变化日趋明显的情况下,组织结构内涵的重心由静态向动态演进,关注组织基本结构设计向关注组织运行机制设计转变,注重组织的协调性和能动性,由此可以应对当前日益多变的竞争环境。

（二）组织结构的维度

组织结构决定着组织内成员与组织单元的分工、协作、沟通以及权力关系，无论是组织管理者还是组织研究者进行组织结构设计和研究，都需要通过组织结构的基本要素来描述组织结构的基本特征。为此，学者们从不同的角度对组织结构的维度进行了分类。Weber 等（1978）提出科层结构的概念，强调和突出了组织的理性化、非人格化以及效率，描述了包括权力等级、专业化分工、工作程序、规章制度、差异化奖励等组织结构的主要特征，这一理论对组织理论产生了重大影响。Hage 等（1967）认为组织结构的维度应该包含复杂性、正规化、集权性等三个方面。

在 Pugh 之前，学者们关于组织结构的研究都停留在定性的描述上，Pugh 等（1969）在英国 52 家企业的调研数据基础上，用定量实证方法研究组织结构，将组织结构分为四个维度：结构化活动、集权性程度、直线控制及辅助部门的规模等。Daft（1986）将组织结构的维度分为两大方面，即结构性维度和关联性维度，其中结构性维度是组织的内部特征，比如管理层级与管理幅度。结构性维度包括八个方面，即规范化、专门化、标准化、权力层级、复杂性、集权性、职业化以及人员比率等；关联性维度则包含战略、技术、环境、组织规模、文化等因素，它反映了整个组织的特征，关联性维度影响和改变组织的结构性维度。

Robbins（1988）提出，组织结构的维度应该包括 13 个维度：自主性、集权性、复杂性、差异化、职权代理比率、一体化、职业化、规范化、控制幅度、专业化、标准化、垂直层级和管理人员构成。后来，Robbins（1994）进一步将组织结构的维度概括为三个方面，即复杂性、规范性和集权性。组织结构的复杂性是指组织内部机构之间的差异性，包括横向、纵向和空间分布的差异性；规范性是指组织内各项工作的标准化程度，即约束组织成员的行为规范、组织活动的方针与政策、规则与制度、工作程序与过程等的标准化程度；在正式化程度很高的组织中，规则与制度具体而明晰，程序与过程严密而细致，明确地规定了每个人应该做什么、怎么做以及何时做；而集权性则是指组织的决策权力的集中程度。

为了使本书的价值更具有普遍性，同时考虑到测量的可操作性，本书沿用经典组织设计理论的观点，从复杂性程度、正式化程度与集权性等三个方面来描述民间足球竞赛组织的组织结构基本特征。

（三）组织结构与组织发展的关系

组织发展研究并非是一个统一的学说，而是由众多理论流派所构成的一个理论的集合体。学者们基于不同的视角对组织发展进行了探讨，关于组织发展的内涵等相关概念尚未形成一致观点，本书对这些观点进行了总结，见表1.1。

表1.1 组织发展的内涵总结

代表人物	组织发展的内涵
贝尼斯 (1969)	组织发展是运用行为科学知识进行有计划的、全局的和自上而下发动的努力，目的在于通过对组织内的各种过程进行有计划的干预以提升组织的有效性，促进组织的健康发展。组织发展是对变革的回应，是一种旨在改变组织的信仰、态度、价值观和结构，以使它能更好地面对新的技术、市场、挑战和日新月异的变化的培训策略。
丹尼尔·贝尔 (1973)	组织的发展是从收集资料、分析问题、制订行动计划、采取预措施到评价的整个系统活动过程，目的在于：①使组织的结构、活动过程、战略、人员以及组织的作风、制度更好地相互配合；②提出创造性地解决问题的新方案；③开发组织自我更新能力。实现这些目的，要运用行为科学的理论、研究成果和技术，需经过组织成员和外部的变革咨询人员的共同努力。研究表明，组织发展更注重强调组织的自我更新能力，以保持组织的生命力，提升组织的效率。它的前提是组织环境的瞬息万变。目标是解决组织向前发展的问题。
迈克·拉甘 (1989)	组织发展集中于确保部门之间和部门内部的关系健康发展，协助团队创新和控制变革，强调个人和团队之间的关系与联系。它的主要作用是影响个人和团体之间的关系，以及对作为一个系统的组织产生冲击。
埃尔文· 格罗赫拉 (1991)	企业的发展作为企业适应环境的一种形式来考察，因为企业的发展是企业根据对环境事态的考虑而在更高层次上达到的生产经营目标，可以将企业发展定义为企业对环境的一种更好的适应。
芮明杰 (2004)	企业的发展是指企业不断在高于原有水平的基础上进行运作，包括组织规模的扩大、市场份额的提高、企业运作及管理水平由低级到高级的转化。
陈亚玉 (2005)	组织发展是指将行为科学知识广泛应用在根据计划发展、改进和加强那些促进组织有效性的战略、结构和过程上。
姚德明 (2005)	组织发展是组织为了实现自己的发展目标，适应主客观环境的变化，不断推进组织学习、提高、创新、变革的过程。

续表

代表人物	组织发展的内涵
康秀梅 (2007)	组织发展就是企业的持续发展问题,且将其界定为:企业组织在一个较长期的时间内,面对新的挑战和不断变化的环境,通过改善组织系统,提高自身的适应能力,不断地实现自我超越,实现由小到大、由弱变强的不断变革过程,包括组织规模的扩张、资源配置能力或竞争能力的不断增强、经营管理水平的提升等。
李达 (2011)	组织发展是组织不断改变自身结构、规模、发展策略和组织文化,以保证实现组织目标最优化的过程。

相关学者从不同的视角界定了组织发展的内涵,综合学者们的观点,我们认为组织发展的基本内涵包括:①组织是内部人员、资源、权利配置更为合理的结构;②组织发展是为了实现组织目标;③组织发展是为了组织与外部环境更加适应和融洽。组织的发展是组织在内外部环境的变化中组织结构和组织制度不断优化的过程,本书中"组织发展"是指"民间足球竞赛组织"为实现其组织目标而不断结构化、制度化的过程,而组织结构的三个维度"复杂性、正式化以及集权性"能够较好地反映组织结构化、制度化程度即组织发展阶段,故本书通过这三个维度来衡量"民间足球竞赛组织"所处的发展阶段。

二、权变理论

(一)权变理论的起源与发展

以往的管理理论,如古典组织结构理论、科学管理理论等,大多都在追求具有普适性的、最佳的组织管理方式。但进入 20 世纪 70 年代,由于石油危机的影响,企业所面临的外部环境越来越复杂,传统的管理理论的局限性在这个时候显露无遗。所以人们开始思考管理行为与外部环境的关系,不再相信会有一种最佳的通用管理方式,而是必须随机应变地进行管理。这种认为管理必须取决于所处环境状况的理论,被称为权变理论。"权变"的英文是"contingency",意为"随机制宜"或"随机应变"。权变理论起源于 20 世纪 60 年代,从现代权变理论的创始者 Lawrance 和 Lorsch 于 1967 年合作出版《组织与环境》一书起,研究者开始逐渐认识到环境的多样性,并考察环境的构成以及环境对组织结构和过程的影响力。20 世纪 70 年代,权变

理论逐渐成为一个较成熟的管理学派,并风靡一时。美国管理学家
Luthans 于 1973 年发表了《权变管理理论:走出丛林的道路》一文,之后他
又在 1976 年出版的《管理导论:一种权变学说》一书中进一步系统地介绍了
权变理论。权变理论将组织放入其所处的特定环境中进行考察,对于组织
的发展演变与组织设计更具有解释力和指导意义,是对古典主义管理思想
的突破。

Luthans 提出权变管理的首要任务就是正确地理解和把握环境变量,
并提出了一个权变概念框架,使得权变管理理论逐渐走向规范和完整。这
个框架由三个部分构成:环境变量、管理变量以及两者之间的权变关系。环
境变量分为外部环境和内部环境两方面,外部环境是指影响企业生存与发
展的各种社会、经济、技术、政治因素以及竞争环境;内部环境则是指组织内
部的各种因素,如组织结构、决策程序等。管理变量主要指管理的过程变
量、决策计量变量、行为变量以及系统变量(见表 1.2)。

表 1.2　权变理论中的环境变量与管理变量

环境变量			管理变量			
外部环境		内部环境	管理过程变量	决策计量变量	行为变量	系统变量
一般环境	特定环境					
社会 经济 技术 政治/法律	供应商 顾客 竞争者	组织结构 决策程序 联系与控制 技术状况	计划 组织 指挥 协调 控制	决策 经济批量 排队模型 模拟模型	学习 激励 团队动力 组织 发展	管理信息系统 系统设计 系统分析 一般系统理论

资料来源:Luthans F. The Contingency Theory of Management:A path out of the jungle [J]. Business Horizons, 1973,16(3):67-72.

环境变量是自变量,管理变量是因变量,Luthans(1973)认为权变理论
关注的核心问题就是环境自变量和管理因变量之间的函数关系,即权变关
系。这是一种"如果—那么"的权变关系,具体可表达为,如果存在着某种内
外部环境,那么就要采取相应的管理方式来更好地实现组织目标,并且管理
方式随着组织内外环境的变化而变化,即组织的内部和外部环境变量是组
织管理变量的决定因素(见图 1.1)。

(二)权变理论应用研究

学者们对权变管理理论的探索不仅停留在方法论基础上,而且在诸多

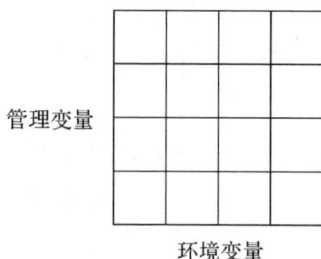

图 1.1　权变函数关系概念框架

具体的管理方面，如人性假设研究、组织研究和领导研究等方面展开了研究。

　　一个组织的正式化和集权性的最优程度是运用的技术、环境变化程度、规模的函数。而且，最佳层级结构的选择决定于组织战略。因此，决定组织结构变化的权变要素包括外部环境、技术、规模和战略等。结构和权变要素的适应关系影响着组织的绩效。结构和权变要素相适应，可提高组织的绩效，而结构和权变要素不相适应，则会降低组织绩效。因此，绩效成为判断权变要素和组织结构适应状况的依据，也成为组织结构选择和组织设计的标准。当组织的绩效处于正常状况时，组织的权变要素和组织结构的关系就被看成是适应的。当某一权变要素与组织结构不相适应时，就会出现绩效下降的问题，此时，管理人员就应该采取一种新的组织结构，从而在权变要素与组织结构间形成新的适应关系，达到恢复甚至提高组织绩效水平的目的。

　　Morse 和 Lorsch(1970)提出了权变理论的"超 Y 理论"，基于"复杂人"的人性假设，提出要客观、多方位地看待人性，管理结构与模式要视工作性质、工作目标、环境特点、职工素质等因素而定，不应一概而论。其主要观点为：①各主体需求具有差异性。人们基于不同的需要而加入组织，所以不同的人应该采用不同的管理方式，有的人需要依靠正规化机构和规则进行管理；有的人则需要自治，他们有强烈的自我实现需求。②控制程度应变性。组织的目标、工作性质、职工的素质等对组织机构、管理层次与管理方式有很大的影响。③目标确立递进性。当一个目标达到以后，可以继续激起职工的胜任感，使之为达到新的更高的目标而努力。"超 Y 理论"是人性假设认识的重大进步，权变管理思想在微观层面上的应用，为以后的管理理论和实践提供了思想基础。

结构权变理论是权变管理思想在更高层次的组织层面上的应用,卡斯特和罗森茨威克将组织当作一个理性的、有目的的系统,认为结构是用来有效实施战略的工具,而组织处于开放的外部环境中,是一个开放、动态的社会技术系统。每个组织由于其内外环境的差异,因此不同的和处在不同发展阶段上的组织,都应根据具体情况来决定其组织结构,并不断调整与适应,采取灵活、应变管理的方式。结构权变理论认为没有最佳的通用组织设计,组织结构应该随着组织性质、发展阶段、不同外界环境而进行设计,以建立与环境相适应的共生系统。

权变管理理论对领导行为的研究也产生了巨大的影响力,形成了领导权变理论。领导权变理论认为,不同的领导行为在不同的情境中将会产生不同的效果。费德勒(1964)提出的"有效领导的权变模式"是其中比较具有代表性的,他认为采用哪种领导方式是由上下级关系、职位权利和工作任务等三个因素决定的。

三、理性系统理论

(一)理性系统的内涵与基本特征

理性系统理论是一种强调效率的管理视角,从理性系统的视角来看,组织是为了实现特定目的而产生的,衡量这个组织是否设计合理,需要运用组织结构的理性概念。在这里所用的是狭义的理性概念,也可以叫作技术理性或工具理性,马克斯·韦伯是最早提出技术理性概念的学者之一,韦伯认为,从纯技术观点来看,理性系统能为组织带来高效率,理性系统要求组织具有可靠性、合理性和稳定性。技术理性是指通过可计算性的手段和程序最有效、最精确的行动来达到目标。技术理性不包括目标的选择,仅限于既定目标的实现。"技术理性"突出手段的"有效性"和"适用性",表现在实际社会活动中,即现代经济运作与企业组织中对"效率"及"生产率"的高度重视。韦伯认为,科学、技术、资本主义、现代法律体系等都是高度"理性"的,可以服务于任何一种价值和目的。

理性系统理论的出发点是,组织及其成员的行为是行为者有目的的协调行动。从理性系统理论常见的基本概念如信息、知识、效率、优化、实施、设计等,我们可以看出,这些术语体现着对个体行动者认知和动机上的约束。根据理性系统观,组织的结构安排是为了有效实现组织目的而有意设计的工具,古尔德纳(1986)指出,"关注焦点应该是合法化确定的结构,即正式化的结构蓝图,因为他们在更大程度上受制于可以拷问的和理性的操纵",理性视角的理论主要强调组织的规范结构:目标具体化与结构正式化。

目标具体化是理性精神应用于管理过程的前提,成为理性化组织效率追求过程的起点。斯科特(2011)认为:"组织目标可以转化为一组代表不同选择所致结果价值的偏好函数或效用函数,如果备选方案的结果之间没有明确的偏好排序,理性的判断和选择就无法进行。"具体化目标为组织的行动提供明确的方向性指引,为组织行动提供判断准则。组织成员的个人目标的实现通常也需要在组织中完成,为了实现组织目标,各成员在行动中就必须遵循为实现目标而制定的各种规则和制度,这些规则与制度为组织提供规范制约以及使能动力。

组织目标不仅为组织中的行动者提供准则,而且组织结构的设计也依赖于组织目标的设定。目标指出了组织前进的方向,组织目标确立之后,就需要确定去实现这些目标的相应组织成员,以及其他资源协调和分配的组织架构及运行机制,这些组织架构、运作机制以及相应的组织行动就构成了组织的规范结构。组织的目标越清晰、具体,组织行动选择和组织结构设计就越容易,相反,目标越一般化或越模糊,结构设计就会越难,组织成员的行动也变得无所适从,模糊的目标往往无法为正式组织提供坚实的基础。如果组织的目标不能尽快清晰化和具体化,其组织结构就会变得混乱,无法成功地调动组织成员与资源去实现组织目标,甚至连组织的生存都变得困难。

结构正式化,指的是组织通过制度设计和行为安排,确定组织成员之间关系的规范,同时组织与个人之间也形成了较为确定的关系,使得组织成员按照组织设计行使职能从而实现效率的最大化。组织化的个人,使个人具有了特定的角色——组织的成员,并按照这一角色的要求进行行动,正式的组织结构和行动规则会成为组织成员在共享知识而影响他们的行动,确定自己的行动空间。

正式化可以看作通过标准化、规范化提高行为可预测性的手段,正式化使得组织能对其成员在特定环境下的行为具有稳定预期。在组织结构正式化的情况下,个人按照其所在岗位的要求进行相应的角色化,组织目标被组织成员内化,组织的目标成为组织的共享目标,具有了合法性。个人的目标、需求、价值观需要与组织的目标相匹配,将组织目标分解和内化为个体的目标;同时,组织也为其成员的组织行动提供了相应的权利、资源、信息。组织成员根据自己在组织中占据的角色,从而形成了相对正式和稳定的组织关系,并进行分工、合作,以实现组织目标。组织结构依附于组织设计而不是特定的个人,按照组织结构形成相应的权威结构,这样就使得组织制度代替了个人意志,组织理性代替了个人理性,从而组织的生存与发展不再完全寄希望于某个人或某些人,减少了组织面临的不确定性风险。

尽管理性系统并非总是那么有效,甚至可能会走向极端,变得僵化,失去快速应变能力,从而阻碍组织的发展。但是理性系统中,组织目标被具体化,组织目标被客体化,组织及成员拥有了一个相对合理和明确的行动指南与规范,组织的控制能力将会大幅度提升。

(二)理性系统观的主要学派

理性系统观并不是一个单一的理论,而是包含着多个相关学派的理论体系。理性系统观的主要学派有泰勒的科学管理、法约尔的一般管理理论、韦伯的科层制理论、西蒙的行政行为理论。

科学管理是管理思想史上的第一个范式,泰勒是科学管理的主要代表人物,他构建了一个堪称系统结构的思想框架,科学管理理论的宗旨是提高劳动生产率,泰勒(1911)以经济理性人为基本假设,认为经济激励将会大大调动劳动者的生产积极性,从而提高产出效率,为组织带来利润。科学管理的核心是通过科学的管理方式取代之前普遍流行的经验判断,首先指定工作任务并将工作分解为简单、基本的要素,并给每项工作确定标准完成时间,从而形成高效率的任务管理制度。这一理论在工业生产管理实践中呈现出立竿见影的效果,为以后的管理理论奠定了基础。

法约尔(1925)在《工业管理和一般管理》一书中,提出了一套系统、完整的管理理论,这套理论也被称为一般管理理论。其核心内容是 14 条管理的一般原则,特别是权力与责任、统一指挥、个人利益服从整体利益、首创精神及公平等管理原则,这些管理原则对于管理工作具有很大的启发意义。法约尔与其他行政学派学者也是最早发现正式组织结构基本特点的,他们认为组织都应该具有一定的共同属性,首次将组织的分析层面从个人提升至组织结构。

科层制管理是一种强调效率的管理制度,科层制组织的主要特征有以下四个方面:专门化、权力等级、规章制度以及非人格化。科层制促使组织成员形成组织理性,并努力实现组织目标,进而提高效率。韦伯认为科层制是最理想的组织结构,并预言未来的社会中这种组织结构将广泛流行。科层制是一种制度创新,科层制的组织批判否定了独断专行和感情用事的现象,科层体系通过理性工具控制着组织及成员的行为,并促进了组织内部的合作,科层制将大大提升组织的可靠性、合理性、稳定性和普遍性。从纯技术的观点来看,科层制能为组织带来高效率,科层制为现代社会的组织管理提供了有效的工具。现代社会从工厂、学校到政府机构普遍都采用科层制组织,其崛起已被证明是一个不可逆转的趋势,正如韦伯所预言的:科层组织已经发展成为一种最为普遍的组织形式。

西蒙行政学思想集中体现在其著作《管理行为》一书中,西蒙的这本代表作是传统行政学派与行为主义学派分界的重要标志。西蒙(1988)研究了导致组织理性化行为的目标形成过程及正式化过程,提出了"管理人"假设,认为管理人追求个人利益,但是具有有限的理性,无法完全知晓外部环境和所有选择,所以其决策只能是次优,而不可能达到最优,并基于这一思想,提出了组织决策模型。西蒙认为正是由于个体决策者的有限理性,所以理性系统视角的两个关键要素——目标具体化和结构正式化变得不可或缺,因为决策者受限于个人认识,所以主要应该遵循规则,而不是理性计算。

四、新制度社会学的合法性理论

(一)合法性理论的产生与发展

"合法性"这一词语来源于拉丁语"legitimus",是遵循法律的意思。韦伯提出了合法性概念,韦伯强调了规则对于社会运作的重要性,他认为无论是个体还是社会组织、整个国家社会体系都需要通过获得合法性而维持其稳定性,韦伯所提出的合法性概念为合法性理论的发展提供了概念基础。

帕森斯(1960)继承和发展了韦伯的思想,将合法性纳入组织社会学的研究中来,认为合法性并不是单指遵循具有强制力的法律体系,合法性还应该与基于道德、习俗的社会价值规范保持一致,这种观点得到了众多学者的关注与认可。合法性是"超越个人私利,为大家所承认并接受的,是合乎情理和社会期待的"做法;合法性机制"是指那些诱使或迫使组织采纳具有合法性的组织结构和行为的观念力量",具体表现为已经被人们广为接受的社会法律制度、文化期待、观念制度等,具有规范人们行为的强大约束力。

在《制度化的组织:作为象征符号和礼仪的正式结构》一文中,迈耶和罗恩(1977)探讨的是组织趋同或同型。他们发现了现代社会中的各种组织之间的趋同现象。他们通过研究发现组织并不只是一个效率机制,效率机制无法解释组织的趋同现象。迈耶和罗恩提出其研究的核心假设即制度同型可以给组织带来合法性,并通过实证研究予以证明。合法性是被社会建构的,反映的是组织规则与行动和社会共享价值的一致性,两者的吻合度越高,其合法性程度也就越高,反之亦然。

迈耶和罗恩从宏观方面对合法性予以解释,而 Zucker(1987)则着眼于微观角度,认为社会知识和观念如果被制度化了,就会作为一种社会客观事实而存在,并逐渐在各地区和各领域传播开来。Zucker 强调了文化认知对组织和个体行为的指导作用,个体与组织均受到文化信念的推动与制约,是否获得认知合法性,会给组织和个人带来不同的体验,确信或迷茫,积极或消极,Zucker 的"文化—认知"理论研究丰富了合法性的研究。

Scott(2010)综合了各学者的研究论点,并将其整合到一个完整而统一的理论体系中来,提出了"制度的三大基础要素",认为制度由规制性、规范性和认知性共同构成(见表 1.3)。规制合法性来源于政府、行业协会等相关部门所制定的法律、法规等,具有强制性特点;规范合法性则来源于社会的普遍价值观与期待,反映的是社会公众对组织规则与行为的适当性判断;认为认知合法性来源于惯例、文化图式和行动脚本,当一项行为和规则被人们"理所当然"时,它就具备了认知合法性。

表 1.3　制度的三大基础要素

类别	规制性要素	规范性要素	认知性要素
遵守基础	权宜性应对	社会责任	视若当然、共同理解
秩序基础	规制性规则	约束性期待	建构性图式
扩散机制	强制	规范	模仿
逻辑类型	工具性	适当性	正统性

续表

类别	规制性要素	规范性要素	认知性要素
系列指标	规则、法律、奖惩	合格证明、资格承认	共同信念、共同行动逻辑
情感反应	内疚/清白	羞耻/荣誉	确定/惶惑
合法性基础	法律制裁	道德支配	理解认同、文化支持

资料来源:斯科特.制度与组织——思想观念与物质利益[M].北京:中国人民大学出版社,2010:59.

(二)组织合法性下组织的应对策略

新制度理论认为组织作为被动的个体,只能被动地接受和适应制度环境压力,这些理论存在较大的局限性,忽视了组织的能动性。Oliver(1991)认为组织并非总是消极地适应制度环境,组织可以能动地根据自身的资源与需要对制度压力做出不同的反应,强调组织可以做出策略性的自利的应对方案,并提出组织面对制度压力环境可能采用的各种策略。Oliver 的观点得到了大多数学者的认同,他们继续研究制度环境下组织的反应和行为。

组织在面对制度环境的压力时,采取何种策略取决于制度环境与组织目标一致性程度、规则的执行力度或规范的影响力,以及环境不确定性等因素。Suchman(1995)提出了获取组织合法性的三种战略,即依从环境、选择环境和操控环境;Zimmerman 和 Zeitz(2002)提出了创造环境获取合法性的战略,这样就形成了学界普遍接受的四种合法性获取战略(见表1.4)。

表1.4　获取组织合法性的战略

合法性	依从环境	选择环境	操控环境	创造环境
规制合法性	按照政府的规则和规章开展业务	选择规则有利于组织的市场	通过游说改变既有规则	创造新规则和规章
规范合法性	依从社会规范和价值观,采用专业化规范	选择价值观和规范支持组织发展的领域	改变既有的规范和价值观	开发规范和价值观
认知合法性	适应既有模式和惯例	选择既有模式和惯例认可组织的领域	改变既有模式和惯例	创造新运营惯例和模式

资料来源:陈怀超,陈安,范建红.组织合法性研究脉络梳理与未来展望[J].中央财经大学学报,2014,1(4):87.

(1)依从环境。组织可以通过遵循规章制度以及社会规范,适应当前的制度环境而获取合法性。许多时候,组织并无力对现有规则产生影响,因而

"依从环境"往往是许多组织所普遍采用的战略,只有这样组织才可能较快获得规制、规范与认知合法性,为组织的健康、快速成长获取空间和资源。

(2)选择环境。组织通常需要面对复杂多变的制度环境,而这些制度环境有时候并非一致,而是呈现出冲突状态。因而,组织可以选择遵守和适应最有利于自身的制度环境,而对自身不利的一些制度环境,则可以采取回避策略,仅在表面体现出对这些制度环境的遵从,而在组织的实际运作中,则参照有利于自身的制度环境。

(3)控制环境。资源依赖理论认为当组织具备了相当的资源与能力时,在制度环境压力下组织可以保护自己并讨价还价。采用控制环境的方式来获取组织合法性,要求组织不仅需要适应与选择环境,而且还需要重新定义制度环境,即让整个社会接受组织的规则和行为等,但是通常情况下实施这种战略具有较大的困难,特别是单个组织的时候,所以组织很少采用这种战略。

(4)创造环境。如果组织所从事的是开创性活动,在这个行业通常还没有形成现成的规制规范,所以组织必须主动去创造合法性制度与规范,从而形成行业制度与规范。毫无疑问,创造环境战略是最难把控的一种战略,只有具有开创精神的组织才能担此重任。

五、动机理论

本书所探讨的是我国民间足球竞赛组织的发展,在传统的组织发展研究中,研究者一般主要从外部环境,包括制度环境和效率环境两个方面来解释组织的发展,即在制度环境下以最优效率实现其组织目标。而民间足球竞赛组织具有其特殊性,是一个自服务的组织,其主要目标是满足自身的需要,其自身需要又主要包含两部分:参与者的需求以及组织者的需求。民间足球竞赛组织的产生和发展就是为了满足这两方面的需求,所以内在要素即参与者与组织者动机对于解释民间竞赛组织的发展也极为重要。

(一)运动休闲动机

运动休闲动机指的是可以通过体育运动与锻炼来满足的需要或需求,是人们参与和维持体育运动锻炼行为的心理动力。运动休闲动机是参与运动的直接原因和动力,同样,参与足球运动与足球赛事的球员也是由其运动休闲动机推动与维持着。并且为了更好地满足与实现这些动机,他们也成为推动民间足球赛事发展的最重要力量之一。

动机有不同的类型与强度,为了测量这些动机,学者设计了一系列的运动休闲动机心理量表或问卷,其中比较有代表性的有:身体活动动机问卷(Motives for Physical Activities Measure-Revised,MPAM-R)、锻炼动机问卷(Exercise Motivation Inventory,EMI)、运动参与动机调查表(Sport Participation Motivation Inventory,SPMI)、运动动机量表(Sport Motivation Scale,SMS)、身体活动与休闲动机量表(Physical Activity and Leisure Motivation Scale,PALMS)等,这些量表为我们理解个体的运动行为动机提供了有效的工具。

Ryan 等(1997)编制的"身体活动动机测量"量表(MPAM-R)以认知评价理论和自我决定理论为基础而开发设计,量表包括五个动机维度:健康动机、能力动机、乐趣动机、外貌动机和社交动机。国外的许多学者通过实证研究证明该量表具有较好的信度和效度,现在已经成为研究锻炼动机的常用工具。国内学者陈善平等(2006)通过研究表明:MPAM-R 中文版同样具有较高的信度和效度,该量表适合在我国进行锻炼动机测量,并且提出MPAM-R 偏重内部动机的测量,需要补充外部动机结构,才能够较全面地反映个体的锻炼动机。陈善平等(2013)将 MPAM-R 精简为 15 个题项,并对简化后的量表进行了信度和效度检验,结果表明中文简化版量表的信效度符合心理测量学标准。简化量表保持了原有结构,同样包含乐趣、能力、外貌、健康以及社交等五大维度;简化量表利用较少的题项涵盖了原量表的内容和理论结构,提高了测量效率。

Markland 和 Ingledew(1997)所提出的"锻炼动机问卷"(EMI),一共有51 道题项,包含 14 个不同的维度:应激控制、充满活力、喜欢、挑战、对社会的识别力、联系、竞争、健康压力、防止疾病、促进健康、控制体重、形象、力量和灵敏。该测量问卷不仅同时适用于锻炼者与非锻炼者,还可以区别个体动机在不同阶段的差异以及预测未来的发展与改变,该量表也被证明具有较高的内部信度。

"运动参与动机调查表"(SPMI)测量的是个体评价锻炼原因对自身的重要性,采取五等级记分法,共 30 道题目。问卷测量八个一般性动机因素分别是成就与地位动机、团队精神、健身、能量释放、发展技能、友谊、乐趣、其他原因(来自他人的压力,喜欢运动设备等)。

"运动动机量表"(SMS)是国内学者张力为和毛志雄(2004)基于自我决定理论而编制的,该量表共 28 道题项,包含七个不同维度:指向知识习得的动机、指向成就的动机、指向刺激的动机、运动的自我价值、自我施压、外部动机、无动机。经测量,该量表具有较高的信效度,但该量表具有一定的局限性,适用对象仅为运动员,不适用于参与体育运动的普通大众。

Rogers(2000)开发的"休闲锻炼动机问卷"(Recreational Exercise Motivation Measure,REMM)包含八个维度,REMM 也被证明具有较高的信效度,但由于该量表测量题项多达 73 个,使用较为不便。Morris(2000)等对该量表进行了简化,并将其命名为"身体活动与休闲动机量表"(PALMS),改良后的量表共包括 40 道题目,八个维度,分别是技能、健康、交往、心理、外形、他人的期望、愉悦、竞争,PALMS 量表的信效度在澳大利亚、以色列、马来西亚以及中国都得到了验证。

这些运动休闲与锻炼动机量表为足球竞赛参与者的动机测量提供了基本工具。本书将主要借鉴身体活动与休闲动机量表(PALMS),因为该量表包含的八个维度比较全面地概括了各个影响因素,并且在我国也得到了较为广泛的验证;同时根据相关学者对于民间足球竞赛参与者动机的研究成果,以及作者前期对于民间足球竞赛组织访谈、观察所获取的现实资料,对量表进行适当修正、完善,以进一步提高其信效度。

(二)社会创业动机

长期以来,关于创业的研究都聚焦在经济价值层面之上,但是近年来关于社会价值层面的研究也越来越多地用到"创业"这一概念,这种类型的创业被称为"社会创业",社会创业正在全球范围内兴起,引起人们的广泛关注。但由于"社会创业"是一个新近才出现的概念,所以学界目前对于"社会创业"的定义并未形成共识。

斯坦福大学创业研究中心认为,社会创业是通过商业手段来获取利润而"经营社会公益"解决社会公共问题。社会企业是一种新的组织形式,它通过企业经营的形式实现经济效益与社会效益的共赢。

社会创业动机是指驱动创业者从事社会创业的根本驱动力,社会企业家往往同时拥有经济和社会目标,即利他动机和利己动机。社会创业主体既可以是社会组织,也可以是企业或政府机构,他们的动机存在一定的差异,企业通过社会型创业在解决社会问题实现社会价值的同时满足其经济诉求,社会价值的实现是其手段,主要目的还在于实现经济价值;而对社会组织和政府机构来说,社会使命是核心目标,他们通过社会创业创造经济价值进而达到增强自身公共服务能力、增进社会福利的目的。社会企业家往往同时拥有双重动机,他们是利他动机和利己动机的混合体。

综合学者们的观点,基于利己的商业创业动机主要有:成就感、风险偏好、对模糊性的容忍、控制点、自我效能以及目标设定等。在商业创业的动机中,利己动机是主要部分,而在社会创业领域,利他动机也是创业者的重要出发点,他们致力于解决社会问题,实现社会公正,提高社会福利。

社会创业动机中的利他动机根源于公共服务动机,目前破广泛接受的公共服务动机测量工具是由国外学者 Perry 于 1996 年所编制,Perry 综合前人的研究成果,并通过实证研究得出公共服务动机四维度模型:公共政策的吸引、公共利益的承诺、同情心、自我牺牲。国内学者刘帮成等(2008)运用公共服务动机四维度模型在我国进行实证研究,结果显示,其中三个纬度(渴望参与决策、公共利益、自我牺牲)均得到了证明,而"同情心"这一维度测验结果信效度不高。国内学者王皓白(2010)创建了七维度的社会创业动机测量问卷,其中利他动机共有四个维度:公共利益承诺、社会正义、牺牲精神、公共政策制定;利己动机共有三个维度:自我实现、风险和不确定偏好、自我控制。曾建国(2014)编制了医科大学生社会创业动机问卷,其中包括利他动机的公共服务、公平正义、奉献精神以及利己动机的成就导向和控制导向,一共有五个维度,并通过实证证明这一问卷是可信、有效的测量工具。

民间足球竞赛组织者的动机可以被看作是一种社会创业动机,这是一个利己动机与利他动机的混合体,既有为球员服务、奉献精神等利他动机,同时也兼具追求商业利益等利己动机,只是在不同类型的竞赛组织以及竞赛组织发展的不同阶段其动机强度会有所差异。

六、理论综合述评

组织发展成为近年来的一个热门话题,因其重要的理论价值和现实意义而受到学者们的广泛关注。就组织发展这一问题而言,首先需要解决的问题是如何对组织发展进行界定和测量,而组织结构理论中的组织结构的三个维度"复杂性、正式化以及集权性"能够较好地反映组织结构化、制度化程度即组织发展阶段,故本书通过这三个维度来对"民间足球竞赛组织"所处的发展阶段进行测量。

新古典经济学认为组织和制度是外生的,其主要关注的是经济资源配置问题,组织被看作一整套函数关系,把组织当作单个经济人,在这个基础上建立生产函数关系,并构建最优化的数学模型。这种新古典的经济分析方法既不能解释组织的起源,也不能解释现实社会中各种各样企业组织形式及其发展。新制度经济学将制度和组织纳入经济学的分析框架中来,构建组织起源及其变迁的内在逻辑。基于效率逻辑,科斯提出了交易成本理论,并认为企业组织产生的根本原因在于组织和市场的效率比较,而交易成本的最小化是组织发展的根本动力。相对于新古典经济学,交易成本理论在组织产生的原因以及组织治理结构演进的解释上取得了进步。然而,交易成本经济学的最大不足在于没有跳出单纯的成本分析框架,忽视了组织发展的根本目的——获取最大化的交易净收益,仅仅从交易成本视角无法全面理解组织发展动力。组织的发展并不一定是为了节约交易成本,组织收益的增加同样可以推动组织的发展。因此,近年来,学者们对组织发展的研究开始超越交易成本理论,从单一的交易成本视角转向交易成本与交易收益并行的双重视角,这样对组织发展的解释力更强一些,更具有普遍性。

制度学派则提出,组织面对着两种不同的环境:技术环境与制度环境。技术环境对组织提出了效率要求,要求效率最大化,效率机制解决的是组织如何有效率进行生产与行动的问题。从理性系统的视角,组织是为实现特定目的所设计的工具,他们强调目标具体化、结构正式化以及规则的制度化,从而实现组织效率的最大化。而制度环境认为组织不但需要注重效率,还强调组织的行动要符合社会"广为接受"的观念、社会规范,以提高组织的合法性,为组织发展创造条件。

从组织与环境的关系看,理性系统理论与新制度主义合法性理论从效率和合法性两个方面对组织如何适应和改变技术与制度环境做了很好的解释。

以上理论从环境方面解释了推动民间足球竞赛组织发展的因素,但民间足球竞赛组织是在非外力干预的情况下,主要为满足其组织成员自身需要的内部动力而产生发展起来的,所以有必要将组织者动机和参与者动机纳入研究框架。

而权变理论认为组织是一个开放、动态的社会技术系统，每个组织由于其内外环境的差异，因此不同的和处在不同发展阶段上的组织，都应根据具体情况来决定其组织结构，并不断调整与适应，采取灵活、应变管理的方式。所以本书最后通过结构权变理论将组织的发展与内、外要素联系起来，研究内、外要素与组织发展的动态关系及内、外要素交互结构关系。

综上，本书将依托组织结构理论、权变理论、理性系统理论、组织社会学新制度主义理论以及动机理论，从内、外要素两个方面对民间足球竞赛组织发展的规律加以认识。

第三节　民间足球竞赛组织相关研究述评

一、民间足球竞赛组织的概念与内涵研究

明晰"民间足球竞赛组织"的概念与内涵，首先需要对民间足球、民间组织、体育竞赛组织等概念进行梳理。

"民间"一般解释为"民众之间的，平民自愿组织的，非官方的"。杨成伟（2010）将"民间足球"界定为"那些有本职工作的普通群众根据自己的兴趣自发组织、自由参加，在余暇时间进行一些以健身娱乐为目的足球活动"；樊渭（2010）则认为"民间足球"是"民众在文化学习和工作之余自愿组织进行的训练和活动的足球运动"。文献中与"民间足球"相近的几个概念有"草根足球""群众足球""业余足球"。国际足联给出了"草根足球"定义："融合不同年龄、性别、身体条件、肤色、种族或宗教信仰之不同，充分依托其自身所处的生活环境，为其提供参与足球的便捷场地与服务，让更多的人发现足球运动的魅力。"国内学者对草根足球的属性理解基本一致，认为"民间性""大众性""业余性"和"娱乐性"是其主要特性（邱林、施志社，2012）。赵升等（2013）综合各学者关于"群众足球"的看法并咨询相关专家后，提出"群众足球运动"是指"广大群众利用业余时间，以足球运动为主要手段，以满足人们对足球运动的兴趣爱好、健身休闲娱乐、丰富文化生活等为主要目的而开展的群众体育社会实践活动"。这一概念的提出是基于我国所特有的"群众体育"概念，"群众足球"是其下位概念。包晗（2012）认为"业余足球"是指"那

些有本职工作的普通群众利用业余时间，根据自己的兴趣自发组织、自由参加的足球活动（包括训练、比赛、商务开发等活动）的总称"；张剑平（2014）则将"业余足球比赛"定义为："由非专业（非职业）的人在工作之余进行的足球比赛，这一概念强调了业余的两个含义：工作之余、非专业性。"从以上观点可以看出，"群众足球""业余足球"这些概念并没有对组织者是否具有官方性质进行界定。

　　足球竞赛组织是足球项目的"体育竞赛组织"，是"体育竞赛组织"的下位概念。大部分学者没有给予"体育竞赛组织"以明确的定义，杨升平（2015）综合了前人的观点将体育竞赛组织的特点归结为以下几点："①体育竞赛组织是由一些（两个以上）参与者（参与队、俱乐部等）构成；②体育竞赛组织的核心功能是安排参与者之间的比赛；③体育竞赛组织内部具有层级结构。"并提出"体育竞赛组织"的目标是"组织体育竞赛"。所以，体育竞赛组织的内涵就是以组织体育竞赛为目标的组织。他结合"体育竞赛"与"组织"这两个概念，对"体育竞赛组织"做了进一步规定——"以组织具有规则的身体性竞争活动为目标，并且具有正式社会结构的社会集体"。

　　美国著名非营利组织理论学者萨拉蒙等（1999）界定了"民间组织"的基本属性，即组织性、私立性、非利润分配性、自治性、志愿性。这一界定具有较强的代表性，是对相关学者们关于"民间组织"这一概念基本属性认识的综合与归纳。陆明远（2008）认为萨拉蒙所提出的"五种属性"作为民间组织概念的核心，划定了民间组织的基本范围，为相关研究提供了一定的依据。他在此基础上，结合中国的具体情况提出了民间组织的划分标准的"四种属性——公益性、专业性、合法性、排除性"。继而根据这四种属性对"民间组织"进行了进一步界定：民间组织是指为实现公益目标，在社会领域通过志愿而结成，具有正式结构，从事特定领域工作的自治性合法组织。

　　学者们对于以上概念的探讨、比较为我们界定"民间足球竞赛组织"提供了必备的研究基础。对"民间足球""民间组织""体育竞赛组织"等几个概念进行梳理可知，"民间足球竞赛组织"并不是指以组织足球竞赛活动为目标的民间组织，不作为"民间组织"的一个下位概念出现，而是指"组织民间足球竞赛活动的组织"，是"体育竞赛组织"的一个下位概念。

　　综上所述，本书结合"民间足球""体育竞赛组织"两个概念对"民间足球竞赛组织"进行界定——由群众自发形成的以组织足球竞赛为目标的具有一定社会结构的社会集体。在现实中,这些竞赛组织往往以"××足球联赛"或"××足球联盟"进行命名,如"上海城市足球联赛""泉州业余足球联盟"等。

我们认为可以将"民间足球竞赛组织"的特点归纳如下:非官方性、大众性、非职业性、非专业性。"民间足球"不包括中超、中甲、中乙等职业足球赛事活动,也不包括"中国大学生足球联赛"等由官方性质单位所举办的业余足球赛事活动。参与者和组织者从事足球运动的目的并没有规定,既可以是为了健身和娱乐,也可以掺入"经济目标"等其他目的,其组织者性质既有以公益为主要目标的民间组织,也有以营利为目标的公司。

二、民间足球竞赛组织发展与组织结构研究

部分学者通过案例研究的形式,探讨了不同民间足球竞赛组织的集权性、正式化、复杂性程度等组织结构基本特征。郝亮等(2011)以回龙观地区足球协会(下文简称"回超")为例探讨了城市社区草根体育组织的运行机制。在结构形态上,"回超"区别于科层制的等级特征,采用的是圈层制。圈层制组织围绕一个核心外围会形成边缘圈层,在这个核心之外再形成新的圈层。"回超"组织内部制度化的规章较少,也没有明确等级区分,是一种结构简单、非正规化的"情感型组织"。福建业余足球联盟同样是自发形成的松散结构组织,没有正式而严格的组织制度,主要依靠"契约精神"和完善的沟通机制来维持联盟的稳定发展。山西省城市民间足球组织基本上都有一定的规章制度以及组织内部的管理机构,但只有少数组织具有相对健全的规章制度,大部分组织只建立了一些简单和最基本的制度,缺乏细则,还有部分组织几乎没有制度约束。在竞赛计划方面,大部分组织每次活动都有定期的计划安排,如有临时变动,再做出局部调整;小部分组织在活动时有计划但不定期,没有固定的比赛日期。大部分组织的固定工作人员为1～3人,部分组织没有固定工作人员(武志华,2015)。西安民间足球联赛从主办方到联赛组委会再到执行部门一共只有三个层次,正式化水平、专业化水平以及权力集中度也都较低(樊渭,2010)。

张剑平(2014)探讨了昆明市民间足球竞赛组织,认为经过一段时间的发展,当地民间足球的竞赛制度已经较为合理,也比较连贯稳定。于航(2017)认为太原足球联盟的组织机构已经比较完善,联盟的职能部门有纪

律委员会、办公室、竞赛部、裁判委员会、培训部、青训部、宣传部和商业部，机构建制完整、规范，可操作性、执行力强，并受到各地市竞赛组织的认可，成为学习模仿的对象。丘乐威等(2013)经过分析认为广东五人足球协会是全国首个真正的省级民间足球协会，其已建立规范化、制度化、等级化的联赛体系。

　　杨升平(2015)利用定量的方法对民间足球竞赛组织的结构化程度进行了测量(见表 1.5)，该研究采取断面分析的方法来分析不同阶段促进体育竞赛组织结构化的主导性机制。研究对国内六个城市 40 个竞赛组织的组织结构进行调查，以复杂性、专业化、正式与标准化、集权化等四个效标测量组织发展程度，以聚类分析技术对体育竞赛组织进行分类，等价于体育竞赛组织的不同发展阶段。调研结果显示处在起始阶段、成长阶段与成熟阶段的竞赛组织在复杂性、专业化、正式与标准化与集权化四个指标逐步递增，与组织结构理论基本结论一致。

表 1.5　民间足球竞赛组织发展程度测量指标

测量维度	可测指标
复杂性	球队数量 职能部门数量 组织的层级数量
专业化	组织内固定职位数量 组织活动类型的数量 竞赛活动组织程序的标准化
正式与标准化	组织内沟通程序的标准化 非正式关系在协调组织活动中的作用程度 竞赛规程的成文化程度 组织其他管理制度的成文化程度
集权化	竞赛活动决策的分散程度 球员对决策活动的参与程度 (群体)组织内部冲突程度

资料来源:杨升平.体育竞赛组织及其形成演化机制研究[D].杭州:浙江大学,2015.

　　学者们还对竞赛组织结构对组织绩效的影响以及组织结构调整与优化发表了各自的看法。赵少聪(2013)认为厦门足球联盟的平等协商、民主决策原则的分权化组织结构调动了球迷的积极性和责任感;樊渭(2010)认为西安民间足球联盟的集权化程度、正式化水平、专业化水平均偏低,组织层次少,民主和谐氛围有利于提高组织的工作效率。而白少杰(2012)和武志华(2015)却表达了不同的看法:白少杰(2012)认为,沈阳市草根足球联赛管理者均由足球爱好者组成,专业能力和管理水平有限,在规则缺失的情况下,难以形成默契与有序的结构;武志华(2015)认为,随着山西民间足球联赛规模日益壮大,组织内部压力会越来越大,组织应当逐步完善,民间足球组织固定工作人员数量较少,导致部分组织难以有效应付日常事务,并提出民间足球联盟需要引进更多的优秀工作人员,提高组织效率,同时还建议组织者在活动时间方面应该有更细致、合理的规划,以免打乱参与者的工作生活安排和影响比赛的顺利进行。丘乐威等(2013)探讨了广东区域性足球联赛发展策略,建议"珠超"和"粤超"进行合并,并实行股份制,不断完善、细化联赛章程、运营机制等内部管理制度。

关于民间足球竞赛组织的结构化、制度化现状的相关研究表明,这些组织呈出不同的组织结构发展特征,有些组织较少制度化的规章,也没有明确等级区分,是一种结构简单、非正规化的组织,但是也有部分赛事组织的竞赛制度已经较为合理,也比较连贯稳定,已建立规范化、制度化、等级化的联赛体系。在研究方法方面,大部分学者关于民间足球竞赛组织的组织结构研究都停留在简单的定性描述阶段,并未采用科学、定量的方式对其进行测量。同时,这些研究也并未完整地从各个维度描述组织结构,而只是选择某个维度中间的某几个指标进行初步分析。杨升平(2015)第一次利用定量的方式较为全面地测量了民间足球竞赛组织的组织结构,其测量工具和研究方法为今后的相关研究提供了有价值的参考。

三、民间足球竞赛组织形成与发展的内在要素研究

民间体育组织是为了满足人们的体育汲其他进一步需求而产生与发展的,民间足球赛事正是为了满足足球爱好者和组织者的体育运动参与、自我价值实现、经济利益等不同类型的动机而形成了特定的阶段发展目标,并不断推动着组织结构的发展。

(一)民间足球竞赛的参与者动机研究

吕树庭、卢元镇(1995)在《体育社会学教程》中提出,"所谓非正式体育群体,是指人们在共同的体育活动中自然形成的群体。它是在人们共同的

爱好、利益、感情与友谊的基础上自发形成的"。部分学者对各草根体育组织的研究也证实了这一点,张铁明等(2009、2010)研究有关农村非正式结构体育社团的形成发展,对其群体动力效应做了较为深入的研究,认为农村非正式结构体育社团的形成主要源于社交需要、感情归属、距离邻近以及社团领袖,而群体演进的动力则主要来源于活动效应、交往动力、情感动力、价值观动力及宣传动力。

在民间足球竞赛方面,郝亮等(2011)和宋雅琦(2016)以"回龙观地区足球联赛"参与者为调查对象,发现球队成员需求主要体现在健身、交际、休闲娱乐、满足业余爱好和提高运动水平等几个方面。参与者对于足球的热爱是"回超"蓬勃发展的奥秘,而在快乐的足球乌托邦里,感情是其维系的纽带。"回超"以其"以球会友、全民健身、文化足球"的活动宗旨吸引了众多足球爱好者。"回超"成功的一个重要因素就是广泛的社会参与,参与者是"回超"发展的原动力。

鲁文华(2008)、王伟平(2008)、崔晓阳(2014)分别调研了西安、福建、郑州等地的民间足球联赛参与者动机,总结如下:①"健身娱乐"是大家比较一致认同的主要目的;②"结交朋友,扩展社会交往"也是其重要动机之一;③少部分年轻的足球爱好者通过参与足球联盟比赛的方式,增强自身的足球技术和战术能力,并通过取得好的比赛成绩从而获得自信和成就感;④还有部分单位通过组织员工参与足球比赛来加强企业文化建设,培养团队意识,或者希望通过足球赛来增进相互之间的交流与合作。不同参与者动机各异,正是因为民间足球联赛满足了参与者不同的需求,才吸引了如此多的人参与其中。

澳大利亚学者 Edoardo Rosso 和 Richard McGrath(2013)探讨了年轻球员加入足球俱乐部,实现从纯粹的享受体育运动到参与竞争性的比赛转变的动机。球员们的主要动机是,正规的俱乐部可以为他们提供更高水平的教练、设施设备,以及水平相当的伙伴,同时还可以扩展朋友圈。土耳其学者 Zelyurt(2014)研究了土耳其 BAL 业余足球联盟(高等级业余联盟)球员的参与动机,调研发现 68% 的业余球员可以通过比赛获得收入,并有66.2% 的球员将踢球当作一种职业(或者业余工作),仅有 29.1% 的球员把踢球当作一种纯粹的兴趣,从中可以看出业余足球已经开始体现其经济价值,隐含着职业化的元素。奥地利学者 Lukas(2012)研究了业余足球运动基于性别差异的动机比较,研究发现整体上男性比女性的参与动机强度更大,"赢得竞争"是男性的主要动机,而对于女性,"健身"则是更重要的动机。

纵观国内学者对于民间足球竞赛的参与者动机研究,可以发现以下几个问题:①学者们大多以案例的方式对单个组织或者某个区域的组织进行了探讨,无法反映整体情况,也不能体现不同区域、不同形式、不同结构化程度组织的参与者动机的差异;②大部分参与者动机问卷设计不够完整,未涉及参与者所有可能的动机,所以得出的结论基本都是"社交、健身娱乐"等,而可能存在的"心理归属""经济利益"等动机未得到体现;③未将参与者的动机与竞赛组织的组织特征以及发展状况进行关联研究,而是较为孤立地探讨这些问题。国外学者同样未对参与者动机进行系统完整的研究,但基于各自研究视角得出的结论为本书的问卷设计提供了可供借鉴的资料。

(二)民间足球竞赛的组织者动机研究

除了参与者的原动力,组织的形成与发展也离不开组织的创立和管理者的贡献。张金桥等(2011)认为社会力量介入大众体育活动赛事组织主要基于以下几种情形:①作为一种慈善行为无私奉献,不为名利;②虽然是无偿投入,但希望通过这种投入获取社会影响力并为其事业发展提供条件,从而获得隐性收益;③经营性质,作为一种投资,获取直接经济利益回报;④本身是体育爱好者,通过投入大众体育事业来达到自我价值的实现,投资以公益为主,同时获得一些合理的报酬。张金桥等(2011)同时认为目前城市业余体育赛事大部分为公益性质,除去基本的组织费用,并无利润空间。但经营性质的大众体育投资也越来越多,这种方式最能调动投资者的积极性。

郝亮等(2011)通过调研"回超"发现组织的核心圈是由组织者和活动骨干(球队队长)组成,他们花费的时间、精力最多,能力最强。其动机主要出自:①兴趣吸引,丰富自己的业余生活;②对社区业余文化生活的追求,关心社区公益事业,实现自己的人生价值;③在社区内以球会友的诉求。王伟平(2008)认为福建业余足球联盟组织者的动机非常简单,联盟建立的初衷就是为了大家有比赛可参加,完全出于自我爱好和公益目的。

Steinbrink(2010)研究了业余足球运动在南非民众迁移过程中产生的作用,业余足球联盟的组织者不单只是为了让大家在一起踢球而建立联盟,其功能已经大大超出一个单纯的体育组织范畴,更重要的目的是球员在足球场外能够相互支持和合作,例如相互介绍工作机会,组织者希望建立一种类似兄弟合作会的形式。D. Kennedy 和 P. Kennedy(2014)探讨了英国曼彻斯特社区足球俱乐部得以形成的内部动力,该组织是一家非营利性组织,其成立不是为了盈利,而是致力于为本社区服务,为社区所有人提供负担得起的足球活动参与机会。

国内外学者们对于民间足球竞赛的组织者动机并未进行专门的探讨,而仅仅是在其研究中略有提及。总体来说,相较于"参与者动机",学者们对于"组织者动机"关注更少。

四、民间足球竞赛组织形成与发展的外在要素研究

(一)宏观视角下民间体育竞赛组织形成与发展的环境因素研究

从现有研究文献来看,国外学者关于民间体育组织形成与发展的观点主要有"结构功能主义"和"过程变动控制"两种。结构功能主义是社会学的经典理论之一,对体育社会学研究的影响也非常深远。结构功能主义认为社会是有规律的结构,社会的各组成部分之间存在着有机联系,并各自发挥着相应的功能,社会对个体发挥着制约作用。美国学者兰德等(1994)从体育竞赛的特殊性的角度,提出了解释体育竞技组织发展演化的"结构性互动主义"模型,认为体育竞技形态发展演化体现了社会环境的要求,是对其所处社会文化系统的反映。英国学者埃利亚斯和邓宁(2008)的过程社会学是对当时主流的结构功能主义理论的一种批判,注重把体育社会现象置于动态的过程中进行研究,而不是放在静态的环境中考察它的功能价值。"过程变动控制"理论从社会变迁的角度解释现代体育竞赛组织的形成,把体育文明与文化的规则差异归因于人类文明进程中不同阶段的差异,认为体育竞赛组织的发展演化是伴随着个体意识到群体意识发展过程形成的,同时也是社会与国家宏观环境变化对体育竞赛组织"型构"作用的结果(郭振,2012)。

国内学者孟凡强(2005,2006)发表了数篇有关自发性群众体育组织的文章,包括对自发性群众体育组织的概念、形成机理的研究。在自发性群众体育组织形成原因上,作者分别依托系统科学的自组织理论、经济学的市

场/政府失灵理论、社会学的互动理论对自发性群众体育组织的形成原因做出了解释：①组织处于开放的环境中，从无序向有序的转变是组织发展的客观规律，"个体的健身活动在与环境的互动中打破原平衡态，在其寻求新的平衡过程中组织得以生成"；②探讨了自发性群众体育组织的形成外部环境，基于市场和政府失灵理论提出：自发性群众体育组织的形成是大众体育需求与市场和政府供给不足矛盾的产物；③自发性群众体育组织是在离散状态的体育人口与环境之间的互动过程中形成的。这三个方面的原因成为民间体育组织形成与发展研究的三个视角。

刘建中（2009）应用协同理论对自发性体育组织的形成机理做了进一步探讨，从自组织的形成条件、系统内部要素和序参量等方面阐述了社区自发性群众体育组织的形成、发展和动力机制。研究认为，自发性体育组织的形成是离散状态的体育人口从无序向有序的自组织过程，其发展需要体育法规政策、场地设施、体育指导等系统各要素的相互协同，传统性体育和体育本土化是自发性群众体育组织的动力机制。张红坚、段黔冰（2009）从历史的角度分析了我国农村体育组织方式，研究认为每当农村体育处于良好发展态势时，其被组织程度相对较低；而当出现异常发展时，其被组织程度相对较高，并基于自组织理论视角指出，农村体育事业作为我国公共服务系统的组成部分，其本身也是一个具有耗散结构的开放系统，随着政府职能的转变，自组织演进是当下及未来农村体育组织方式的必然选择。

基于宏观视角的研究一般认为外部环境是体育竞赛组织形成与发展的根本原因，这种从社会变迁的角度做出外部环境变化的解释是有其合理性的（杨升平，2015）。但正如周雪光（2003）所提出的，利用大的概念、宏观的社会过程解释问题，其不足之处主要表现在：①把民间足球竞赛组织等同于其他社会组织，忽略了体育竞赛的特性；②只能对事物进行简单而宏观的描述，无法落到具体的中层的因果机制上，导致其研究意义受到限制和相应对策的可操作性较差。

（二）民间足球竞赛组织形成与发展的效率要素研究

在民间体育组织形成与发展的技术环境研究方面国内外尚无学者展开系统的研究，但部分学者从各自的视角就其中某个或某些问题进行了现状分析及探讨。

王伟平(2008)通过调研发现福建业余足球联盟组织者已经意识到管理制度化(赛事组织、规章制度、裁判管理和人事管理)的重要性,并提出作为一个群众组织或业余联赛,完善的民间足球竞赛制度既要有正式组织的"专业",更需要有"业余"特色。他认为民间足球联盟作为一种群众组织,参与者随时有可能退出联盟,为了维持联盟的稳定性就必须提升组织的凝聚力和吸引力,需要从以下几个方面提高联盟的吸引力:①财务管理制度化,不仅有利于降低联盟运作成本提升内部效率,而且有助于提高联盟的公信力,从而提高组织成员的认同感和提升联盟的吸引力;②均衡联盟内各主体的权力和利益关系,促进联盟和谐稳定发展;③联盟组织者还应搭建畅通的沟通平台,加强组织内部的沟通交流,平等沟通,使参与者有"归属感";④切实制订好全方位的人身安全保障的相关制度,做好现场救助,减少风险因素;⑤提升竞争实力均衡,保证参赛队伍的热情,需要合理的分级安排与升降级制度。

白少杰(2012)调研发现沈阳市草根足球联赛近年来规模不断扩大,参赛球队和场次不断增加,联赛开始分级,这样有利于满足不同水平的足球爱好者的参与需求。但尽管采取了分级以及升降级制度,同级联赛球队之间竞争实力均衡程度依然不高,球队之间实力差距悬殊在一定程度上影响了比赛的精彩程度和联赛的可持续发展。另外,联盟管理组织者专业性不强,组织管理水平有限,联盟的各项规章制度不够完善,管理的专业化水平不高。联赛运用外部资源的能力还相对较为缺乏,联盟没有固定的比赛场地、专业的裁判,联盟市场化运作程度低,没有经营性收入以及冠名赞助,收入主要依靠会费和报名费,导致总体收入不足,这些问题在很大程度上制约了沈阳市草根足球联赛的发展。他认为联盟虽然是一个草根组织,但是它的发展是离不开政府、足协的。

丘乐威(2013)认为可以通过实行股份制经营,联赛重大事宜由俱乐部投票决定,集体商议组织运营管理问题,理清各主体之间的责、权、利关系,充分保障各俱乐部的权益,调动各部门的积极性。当民间足球联盟发展到中后期,有了稳定的群众基础后,就可以尝试发展多级联赛、多项比赛,还可以考虑进行电视转播、商业化开发等。

郝亮等(2011)认为从"回超"的产生与发展过程中,可以发现其组织结构的不断结构化有一定的偶然性,然而,其中也有很多必然的因素。组织者的协调能力和动员能力及努力寻求合作以及外部资源支持逐渐使"回超"从无序走向有序,实现其发展的制度化、规模化。

杨升平(2015)通过对 40 个足球竞赛组织的调研,将民间足球竞赛组织的技术环境构成划分为"资源性效率因素"与"交易性效率因素",并认为竞赛组织应以符合"成本—收益"原则的效率机制来促进组织的发展。调研结果显示:①处于"起始阶段"的民间足球竞赛组织极端依赖场地、裁判、对手等比赛基本资源,并尽可能节约资源达到组织活动的目的,所以竞赛通过有组织、有计划的联赛形式,有效的掌控场地、裁判等比赛资源,比赛的有组织性、计划性还甚至可以获得部分赞助,联赛形式还有利于增强比赛的乐趣。②在组织成长阶段,"资源性效率因素"与"交易性效率因素"是解释该阶段民间足球竞赛组织生存、发展的最优变量,"资源性效率因素"的基础要素不难理解,而"交易性效率因素"在该阶段的重要性体现为:在成长阶段普遍采用的联赛分级制,保证了球队的竞争实力均衡,又提高了组织的吸引力。另外在此阶段组织规模扩大,"组织"机制的加强,可以规避各种可能的机会主义行为,减少交易成本。③到了成熟阶段,资源性效率因素再次成为民间足球竞赛组织的重要技术变量,该阶段的资源性效率重要的是获取更多的赞助收入资源,这就对组织结构的紧密性提出了进一步要求。

英国学者 Tony Collins(2010)研究了 1895—1910 年英格兰橄榄球联合会的发展历史。为了促进橄榄球运动的发展,英格兰橄榄球联合会不断完善和调整其对业余性的定义,这些所有的转变都围绕一个基本的目标,那就是要创建一系列规则去满足年轻的中产阶层的需求,为他们创建一个社交及健身娱乐的环境,以吸引最广泛的爱好者。英国学者 Porter(2016)对英国业余足球的演进历史进行了研究,他认为在大多数俱乐部存在财务危机的情况下,最重要的是俱乐部吸引观众观赛的能力,吸引和留住球员才可能取得成功和获得竞争力,这意味着业余足球赛也必须获取外部资金支持,在有了资金之后,俱乐部也乐意为了吸引球员而提高报酬。同时这也影响着俱乐部的赛程。Danny O'Brien 等(1999),研究了英格兰橄榄球联盟从业余化走向职业化的去制度化过程,利用实证的方法探讨了在这个过程中,政治、社会、效率起到的作用及其传导过程。通过研究发现多因素在精英(业余)联盟的转化过程中发挥作用,其中一个重要方面是财务资源的可获得性,正如很多组织理论学家所认为的,资源和体制的压力是重要原因,资源的压力促成了俱乐部结构的变化。Owen 等(2002)研究了新西兰橄榄球联盟从业余到职业的转变过程,结果显示,为了获得更多的门票收入和转播收益,联盟的目标逐渐从"球员中心"转移至"观众中心",为了获得更多的媒体收入,赛事必须更加精彩,这促使联盟制订了一系列统一集权的竞争实力均衡的政策,如球员雇佣、转会、球员数量限制及"工资帽"等,以此提高整个联盟的经济收入。

杨升平(2015)将组织发展划分为三个阶段并研究了每个阶段的技术环境变量与组织结构化的关系,其余学者的研究则或多或少地涉及了民间体育组织发展的效率逻辑,但没有明确组织结构化、制度化与这些组织目标和组织行动的关系。通过梳理归纳,我们可以总结与提取出其中的逻辑,王伟平(2008)主要谈到了推动财务管理制度化、利益均衡化、组织分权化、人身安全保障相关制度、竞争实力均衡制度等方面的制度建设与组织设置以提升联盟吸引力,即提升联盟的吸引力促进了组织的制度化、正式化。而丘乐威(2013)、白少杰(2012)的研究结果显示了这样一个逻辑:提升联赛竞争实力均衡,提升联盟吸引力,可扩大联盟的规模、提升联盟的影响范围以及增强联盟外部资源掌控能力,从而促使其推进组织制度化、专业化建设。郝亮等(2011)对"回超"的研究则表明组织的制度化、规模化是组织者有意识地提升组织内部效率、吸引力以及提升外部资源掌控能力的一个过程。国外学者主要探讨的是业余联赛的职业化过程,即一开始俱乐部和联赛为了生存和发展,必须要吸引球员、观众,并提高赛事水平,而吸引球员则需要资金支持,这使得俱乐部和联盟不得不逐渐放弃业余原则。随着联盟的职业化发展,其绩效目标也发生了转移,从自娱自乐转向了追求经济利益,最后联赛的"业余性"名存实亡。

(三)民间足球竞赛组织形成与发展的合法性要素研究

郝亮等(2011)认为"回超"作为一个"自下而上"形成的民间体育组织,不仅缺乏资金,更面临着合法性的危机,"回超"至今仍然是一个没有法律身份的"非法组织",合法性的缺失导致其难以开展活动以及与外部组织进行资源交换。"回超"正通过加强组织的制度化、规模化以及公益化这种方式,从而与政府、企业及媒体等社会主体进行良性互动。"回超"从以下几方面着手争取其生存与发展的合法性与资源:①争取政府认可。由于政府所具有的规制力,"回超"首先要获得政府的认可,这是"回超"生存发展的前提。基于政府自身具有提供公共服务的责任和职能转变的要求,"回超"又能提供相关赛事服务,以满足政府的需求,"回超"便有了被政府认可的有利条件。②与企业互动。坚持公益性,拒绝了商业收购,防止过度商业化。不断促进组织向制度化、规范化、规模化发展,加大宣传、扩大影响,从而提升合作企业的品牌形象。③与媒体互动。"回超"也必须与媒体进行长期而良好的沟通、互动,从而扩大"回超"的社会影响力,促进其规模化、制度化。"回超"与媒体的互动,基本的出发点应该是相互平等,互有需要。④争取组织内成员与公众的认同。"回超"需要借助网络的力量,使其公益化理念深入人心,加强组织内的信任,争取公众认同。

"回超"所面临的规制合法性困境,其实是我国民间足球竞赛组织的一个普遍问题,王伟平(2008)、张金桥(2013)、崔晓阳(2014)、赵少聪(2013)等多位学者都表达了同样的观点。规制合法性是民间足球竞赛组织生产发展的基本条件,没有达到这一标准,从法律的意义上来说,其所开展的活动就是"非法"的。其实,除此之外,规制合法性的缺失还带来了很多问题:①王伟平(2008)认为国家的认可就代表了公允,只有取得官方合法性,才能取得民众和企业的信任。②赵少聪(2013)通过调研发现虽然"厦足联盟"的活动获得了地方体育局、足协的大力支持,但由于缺乏合法性的身份,所以这些支持通常只是临时性的、非稳定的、非制度化的。学者们也一致认为应尽快给予联盟正式的法律身份,拥有与企业平等对话的基础,争取更多的社会资源和生存空间,同时民间体育组织自身也必须以合理性的活动和策略换取合法性的身份。但与政府的关系密切程度应恰到好处,以免失去其草根性和民间性。樊渭(2010)提出要促进民间足球发展,首先需要赋予民间足球联盟足够权限去自主发展,当地足协也应该给予其资源支持,足协仅承担监督和指导责任。民间足球联盟这种组织形式有利于提升赛事公正性和赛事形象,吸引赞助商、投资人以及管理者的加盟。但同时,城市业余体育赛事的组织者们还认为,赛事的兴盛正是因为政府较少干预,而一旦将赛事纳入政府的管理体系,赛事将失去活力,失去草根性。他们存在一种矛盾心理,既希望政府能够给予扶持,但又害怕政府过多干预(王伟平,2008)。

规制合法性只是最基本的合法性,仅表明组织的成立和活动开展受到了法律的认可,一个组织要想生存和发展必须通过加强其规范合法性和认知合法性的方式,以获得社会和公众的认同,争取组织生产发展所必需的环境和资源。

目前大部分民间体育组织的社会认同度还不够,为了获取社会和企业的认同需要加强民间足球联盟的规范合法性。王伟平(2008)通过调研发现福建业余足球联盟与企业的合作还较少,除了联盟的宣传工作不足,影响了联盟的知名度之外,主要原因是企业对民间组织的认同度还不高,心存疑虑;崔晓阳(2014)认为虽然民间足球竞赛组织起源于民间,是人们自发形成的,具有较好的社会基础。但由于这些组织多以缺乏组织管理、竞技水平较低的形象出现在公众的视野中,所以造成公众对其缺乏认知度和关注度。

杨升平(2015)将民间足球竞赛组织的制度环境构成划分为"宏观性制度因素"与"专业性制度因素",宏观性制度因素是指民间足球竞赛组织的行为与政府及相应行政制度的契合程度,专业性制度因素是指足球竞赛组织所形成的各种专业性规范。调研结果显示:①处于"起始阶段"的民间足球竞赛组织,专业合法性机制成为促进起始阶段民间足球竞赛组织结构化的主要合法性机制,因为参与者也会对民间足球竞赛组织提出专业的规范性要求,这促进了竞赛规程等制度的正式化。②处于成长阶段的民间足球竞赛组织,专业合法性机制依然是其促进该阶段组织结构化的首要合法性机制。民间足球竞赛组织通过建立符合专业足球运动的价值与行动规范来体现其专业合法性,一方面继续在有利环境中获取更多资源;另一方面则是避免组织内成员的流出。③处于成熟阶段的民间足球竞赛组织,宏观合法性和专业合法性机制共同促进该阶段组织结构化。宏观性制度环境体现于两方面:一方面,该阶段的民间足球竞赛组织均为具有正式结构的组织,已在政府部门登记备案;另一方面,该阶段的民间足球竞赛组织在管控外部资源及提升专业性方面间接地受到宏观制度的约束。此阶段专业合法性的进一步提高主要是由于竞赛组织内部各类制度的完善在组织与外部社会的交流、沟通中起到了专业性标识的作用。

国外学者普遍将视角放在了业余联赛职业化过程中所遭遇的合法性问题,Porter(2016)研究了英国业余足球的演进史,他发现,英格兰足总杯(以下简称"英足总")中坚持业余原则的俱乐部越来越少,为了防止业余联赛的商业化,英足总从1884年开始调查获得报酬的球员。到20世纪40年代后,公众对于足球赛事的兴趣达到了顶峰,高水平球队的决赛能吸引无数观众,这些业余球队寻求工资、津贴等各种财务回报,其"业余性"名存实亡,这些俱乐部受到广泛的质疑,但英足总的这种阶级偏见也依然挥之不去,认为业余足球竞赛不应受到商业化污染。然而无论是职业还是业余,大多数俱乐部的财务状况通常不稳定,甚至会危及生存,为了足球联赛的生存与发展,1974 年之后,英足总再也不将足球联赛的商业化看作是体育的异化了。Danny O'Brien(1999)等关于英格兰橄榄球联盟去制度化过程的研究也发现,资源的压力同时也促使组织成员的观念发生转变,对于业余性的观念认知这一合法性因素是去制度化和重新制度化过程的重要力量。Lee Tucker(2014)以一个英格兰的周日足球联盟球队作为案例,探讨了该球队在社会互动与发展的过程中,如何获取与利用各种资源、资本。他认为合法化在其中扮演了重要角色,并详细分析了布迪厄的文化领域、文化资本、社会资本和象征资本与球队合法化的关系。Halabi 等(2015)首次通过财务报告考察的方式研究了澳大利亚维多利亚足球联赛(VFL)"业余"球员工资支付历史。由于职业足球尚未合法化,这些款项一般都不在俱乐部财务报告中公开,通过调查 6 家维多利亚足球联赛俱乐部(1909—1912 年)的财务报告及其他记录,他发现在职业足球合法化(1911 年)之前,大多数俱乐部提供欺诈性财务报告,将球员支出记录列为其他合法款项,从而掩盖其支付球员工资的非合法性行为。Halabi 等(2015)用组织同构理论来解释虚假财务报告的原因,认为这主要是基于 VFL 禁止球员支付工资制度的强制性压力,以及来自行业竞争对手的规范性压力。T. Collins(2010)探讨了 1871 年橄榄球足球联盟形成以来教练和俱乐部、联盟之间的复杂关系,俱乐部增加了管理层,并对球队的绩效进行更为专业的管理,教练一开始公开反对专业化管理,而到 19 世纪 90 年代则转变为完全赞同。

纵观以上研究,关于民间足球竞赛组织的合法性,国内学者首先关注的是其规制合法性,这跟我国对于民间组织的特殊管理制度有关,规制合法性的缺失成为制约民间足球竞赛组织生产发展的首要问题。除了规制合法性之外,民间足球联盟的规范合法性同样也有待提高,由于社会大众及企业等对民间足球竞赛组织还较为陌生,导致其社会影响力较小、吸引参与者和观众以及获取社会资源的能力受到限制。关于合法性的测量,除杨升平(2015)从宏观合法性和专业合法性两方面对民间足球竞赛组织进行过定量研究外,尚未见其他类似研究。杨升平(2015)的合法性测量研究方法和维度为本书提供了有价值的参考,但定量测量一直是合法性研究中的一个难题,其问卷设计和研究方法还有待进一步完善,以提高其测量结果的有效性。根据国外学者所关注的业余足球职业化合法性的研究中,则可以总结出以下几点:①资金获取等效率机制的显现促进了社会环境对于职业化合法性的认可,组织的合法性获取与效率是相关的,制度和社会观念会随着制度和组织绩效而进行相应转变;②当合法性制约竞赛组织发展时,组织可以采取的策略除了遵从、默认外,还有可能选择无视、对抗等策略。

五、小结

已有的民间足球竞赛组织相关研究主要利用系统理论、经济学和社会学的相关理论作为研究的基础。这些研究对我们认识民间体育组织的发展有一定的帮助,但不能否认,绝大部分研究在研究框架的理论安排上仍未从组织结构化和制度化角度考察民间体育组织的发展规律,也未将其置于"技术环境"和"制度环境"中来揭示内、外要素的作用关系结构和机制。杨升平(2015)首次用组织结构化、制度化的视角对我国民间足球竞赛组织的发展阶段的效标和主导环境因素进行了理论建构,但该研究在以下两方面尚有待完善:①未将组织发展的内在要素纳入研究框架,这影响了其理论框架的解释力;②技术环境研究主要运用交易成本理论和资源依赖理论探讨了交易性效率和资源掌控效率两个方面,其研究结论对于组织的形成具有较强的解释力,但对于组织的发展演化分析,其解释力尚显不足。

针对现有研究对民间体育竞赛组织发展规律的关注不足,为了进一步打开民间体育组织制度化、结构化过程的"黑箱",本书将综合运用组织结构理论、理性系统理论、权变理论、合法性理论、动机理论等相关理论的研究成果,揭示我国民间足球竞赛组织变动和发展的内、外要素及其发展过程中内、外要素的交互关系结构,从而较为完整地呈现其内、外要素作用关系。

第四节 研究框架、技术路线、研究方法和创新点

一、研究框架与技术路线

（一）研究框架

"组织发展"是指"民间足球竞赛组织"为实现其组织目标而不断结构化、制度化的过程，而组织结构的三个维度"复杂化""正式化""集权性"能够较好地反映这一问题，所以本书将通过这三个维度来对"民间足球竞赛组织"进行测量，并划分为三个发展阶段，符合理论逻辑与现实状况。

根据权变理论，为了更好地实现组织目标，组织的管理方式与组织结构需要随着组织内外环境的变化而变化，民间足球竞赛组织正是随着其内在要素（组织者动机、参与者动机）和外在要素（效率要素、合法性要素）的变动而进行相应的变动与发展。所以本书首先基于"动机理论"，从参与者动机和组织者动机两个方面，分析民间足球竞赛组织发展的主要内在要素；其次，作为外在要素的效率要素与合法性要素也在推动着组织的发展变动，制度学派把组织所面临的环境分为技术性的与制度性的（周雪光，2003），技术环境要求组织有效率，即按效率最大化原则组织生产，根据理性系统理论以及实地调研等，我们研究总结出民间足球的主要效率要素，包括"赛事计划实现""赛事组织满意""内部权力均衡""赛事规模"等一系列因素；根据合法性理论，组织并非一个纯技术理性的体系，不但追求效率最大化，组织的发展还会受到合法性的推动和制约，包括规制合法性、规范合法性以及认知合法性三个方面。据此，分析民间足球竞赛组织发展过程中的内在、外在要素结构。

从系统的角度看，民间足球竞赛组织的成长是结构化和制度化的过程。组织结构的科层化、行为的理性化，以及基于子系统内部共享价值和集体规范的制度化，使得民间足球竞赛组织在"内在要素"与"外在要素"结构互动中形成。这种关系表现为内在要素对组织发展的效应会因外在要素处于不同水平而有所差异，反之亦同样成立，即内在要素、外在要素之间存在交互作用，所以本书最后分析了内在要素、外在要素与足球竞赛组织发展的交互

结构关系。

基于以上分析,本书的研究框架便形成了(见图1.2)。

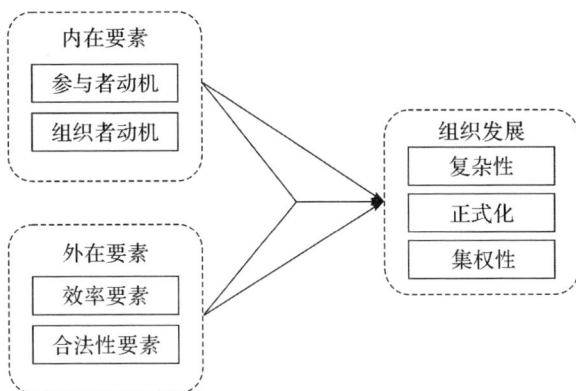

图 1.2 研究框架

(二)技术路线

本书拟采用的技术路线如图1.3所示。

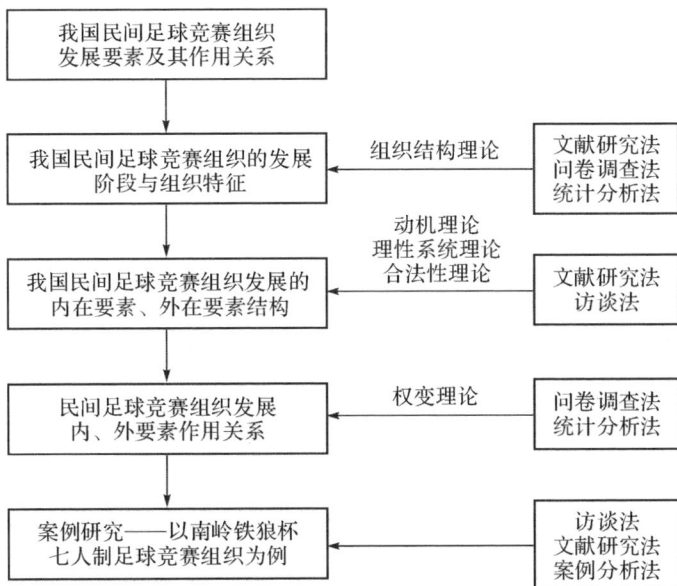

图 1.3 技术路线

二、研究方法

(一)文献研究法

通过对国内外相关理论和研究文献的归纳与分析,结合对我国民间足球竞赛组织的观察和访谈,提取和概括足球竞赛组织的基本属性以及在活动过程中呈现的经济和社会价值。

(二)问卷调查法

1.问卷设计过程

本书的问卷设计包括以下步骤。

广泛阅读与组织结构、新制度社会学、动机、民间足球竞赛等有关的理论及文献。在量表构思设计时,尽可能采用经典量表。在此基础上形成本书的调查问卷初稿,然后选取多家发展较为成熟的民间足球竞赛组织进行实地调研访谈,与其主要负责人交流沟通问卷设计的针对性与合理性,征求问卷修改建议,根据这些修改意见再形成本书问卷的修改稿。

利用专家访谈法测量问卷内容效度,形成终稿。完成问卷修改稿后,在内容效度方面,本书邀请七位民间足球竞赛组织的资深从业者,以及三位体育管理学领域的学者对问卷变量的有效性进行了评价。根据专家对问卷修改稿中的测量维度评分以及维度设置提出的建议,对低效度的维度进行了删除,并根据专家意见对表述不够准确的维度进行了相应的调整,形成问卷终稿(问卷信度和结构效度检验见后文)。

2.测量维度与变量

调查问卷包括两大部分:第一部分是竞赛组织的基本信息;第二部分是问卷的主体部分,共包含五个测量工具。

(1)组织发展阶段的测量,基于组织结构理论,从"复杂性""正式化""集权性"三个方面,构建民间足球竞赛组织的阶段划分标准,其中"复杂性"为客观数据(职能部门数量、组织的层级数量、组织内固定职位数量)将在问卷中以独立的部分体现,并进行标准化处理。本书选取处于第三阶段的民间足球竞赛组织典型样本作为理想组织参照,层级数1~5级对应分数1~5;职能部门数量1~4个对应分数1~4,5个及以上对应分数5。组织内固定职位数量1个赋值为1,2~3个赋值为2,4~6个赋值为3,7~9个赋值为

4,10 个及以上赋值为 5。"正式化"维度的四个题项"竞赛活动组织程序的标准化程度、竞赛组织机构与参赛队伍以及参赛队伍之间的沟通程序的标准化程度、竞赛规程的成文化程度、组织其他管理制度的成文化程度",以及"集权性"维度的三个题项"职能部门在竞赛活动组织决策中的参与程度、球队代表在竞赛活动组织决策中的参与程度、职能部门的临场自主决策权程度",这些指标并没有客观数据,因此均为主观判断题项,由赛事组织者根据其实际程度分别赋值 1～5,分值越高表示符合程度越高。最终,形成测量维度及相应指标体系(见表 1.6)。

表 1.6　民间足球竞赛组织发展测量维度及指标

测量维度	可测指标
复杂性	职能部门的数量 组织的层级数量 组织内固定职位数量
正式化	竞赛活动组织程序的标准化 组织内沟通程序的标准化 竞赛规程的成文化程度 组织其他管理制度的成文化程度
集权性	职能部门的临场自主决策权程度 职能部门在竞赛活动组织决策中的参与程度 球队代表在竞赛活动组织决策中的参与程度

资料来源:杨升平.体育竞赛组织及其形成演化机制研究[D].杭州:浙江大学,2015.

(2)基于"动机理论",形成民间足球竞赛组织发展的组织者动机测量维度及指标(见表 1.7)。参照社会创业动机相关研究量表,针对赛事组织者设计组织者动机问卷,包含以下几个维度:个人兴趣、奉献精神、使命感、风险和不确定性偏好、经济利益、社会认可、自我实现,涵盖利己动机与利他动机,涵盖志愿动机与企业家动机。这些指标并没有客观数据,因此均为主观判断题项,由赛事组织者根据其实际程度分别赋值 1～5,分值越高表示符合程度越高。

表 1.7　民间足球竞赛组织发展的组织者动机测量维度及指标

测量维度	可测指标
个人兴趣	因为我自己喜欢足球 组织赛事经常让我感觉很快乐 赛事是我与球友们一个交流、娱乐的平台
奉献精神	我愿意为公共利益奉献自己的力量 责任比自我实现更重要 即使没有报酬,我也愿意服务他人
使命感	我有义务促进竞赛组织的发展壮大 我希望为地方的体育文化发展有所贡献 我希望对中国足球发展和振兴有所贡献
经济利益	我希望通过组织赛事获得经济收益 我希望通过组织赛事谋生 我希望通过组织赛事赚钱
社会认可	我希望得到政府的认可 我希望扩大自己的社会声誉和影响 我希望获得亲人、朋友的认可
自我实现	能领导更多的人和调动更多资源让我很有成就感 我的乐趣就是最大程度发挥自己的潜能 成为一个优秀的竞赛组织让我很有成就感

资料来源:王皓白. 社会创业动机、机会识别与决策机制研究[D]. 杭州:浙江大学,2010.

(3)基于"动机理论",形成民间足球竞赛组织发展的参与者动机测量维度及指标(表 1.8)。在参照身体活动与休闲动机量表 PALMS 的基础上,针对参赛球员设计参与者动机问卷,包含以下几个维度:社交、外貌、健康、技能、乐趣、自我实现、心理归属、社会认可、经济利益,涵盖健身锻炼和竞技倾向等不同类型人群。

表 1.8　民间足球竞赛组织发展的参与者动机测量维度及指标

测量维度	可测指标
社交	我想增进与朋友的感情和友谊 我想认识一些新朋友 我想保持良好的社会关系

续表

测量维度	可测指标
技能	我想提高现有的运动技能 我想获得新的运动技能 我想保持目前的运动技术水平
乐趣	我想保持愉快的心情 我想享受快乐的生活 我想参加娱乐性强的活动
自我实现	我想展现自己的能力 我想超越竞争对手 我想挑战与超越自己
社会认可	我想让亲友为我的成绩感到骄傲 我想得到队友的赞许和认可 我想赢得社会荣誉
经济利益	我想通过踢球谋生 我想通过踢球获得工资 我想通过踢球赚钱

资料来源：Morris F. Lockwood. A Time-and Space-Efficient Garbage Compaction Algorithm[J]. Communications of the ACM,1978,21(8):662-665.

　　(4)形成民间足球竞赛组织发展的效率要素测量维度及指标(见表1.9)。通过前期对民间足球竞赛组织者的实地调研访谈并结合学者们关于民间足球竞赛组织的研究成果,构建出技术环境(效率机制)的主要指标:赛事计划实现、赛事组织满意、内部权力均衡、赛事水平、赛事规模、赛事级别、外部资源掌控等。赛事范围(级别)根据赛事范围的大小相应赋值,乡镇(社区)为1,县区为2,市为3,省、自治区、直辖市为4,全国为5;赛事规模根据参赛球队数量相应赋值,1～5赋值为1,6～10赋值为2,11～15赋值为3,16～20赋值为4,21及以上赋值为5。其余指标并没有客观数据,因此均为主观判断题项,由赛事组织者根据其实际程度分别赋值1～5,分值越高表示符合程度越高。

表 1.9　民间足球竞赛组织发展的效率要素测量维度及指标

测量维度	可测指标
赛事计划实现	对客观原因造成竞赛计划变动的规避程度
	对人为原因造成竞赛计划变动的规避程度
赛事组织满意	球队主动退出赛事的规避程度
	球员/球队对赛制、赛程安排的满意程度
	球员/球队对管理沟通过程的满意程度
	球员/球队对赛事安全、后勤保障的满意程度
	球员/球队对赛事公平性的认可程度
	吸引新球队加入赛事的能力
内部权力均衡	赛事内各主体(赛事管理者、球队、球员等)权力冲突的规避程度
	赛事内各主体(赛事管理者、球队、球员)利益冲突的规避程度
	赛事内各主体(赛事管理者、球队、球员)责任冲突的规避程度
赛事水平	各球队的竞争实力均衡程度
	球队/球员的(场上)个人能力
	球队/球员的技战术水平
外部资源掌控	赛事获得政府扶持的程度
	赛事商业化开发的程度
	赛事受到媒体关注的程度
	赛事对投资者的吸引力程度
	赛事对管理人才的吸引力程度

(5)形成民间足球竞赛组织发展的合法性要素测量维度及指标(见表 1.10)。依据组织社会学新制度主义学派的观点,制度环境(合法性机制)包含规制性要素、规范性要素与认知性要素。据此,本书通过组织与规制性要素的匹配程度进行规制性要素测量,规范性要素则通过组织被规范主体所认可的程度进行测量,认知性要素通过赛事组织者与参与者对组织与制度设计的认可和满意程度进行测量,以此来反映合法性要素中的规制性、规范性和认知性要素的作用程度。由赛事组织者根据其实际程度分别赋值 1～5,分值越高表示符合程度越高。

表 1.10 民间足球竞赛组织发展的合法性要素测量维度及指标

测量维度	可测指标
规制 合法性	赛事组织与行为符合法律、法规、政策的程度
	赛事规则符合法律、法规、政策的程度
规范 合法性	竞赛组织的行为和规则符合政府和足协期待的程度
	竞赛组织的行为和规则符合专业足球人期待的程度
	竞赛组织的行为和规则符合媒体期待的程度
	竞赛组织的行为和规则符合赞助商期待的程度
	竞赛组织的行为和规则符合公众期待的程度
认知 合法性	我认为赛事的组织和制度设计是合理的
	我认为赛事的组织和制度设计是完善的
	球队/球员对赛事的组织和制度设计合理性的评价
	球队/球员对赛事的组织和制度设计完善程度的评价

3.问卷的发放与回收

本书选取共 8 个省、自治区、直辖市的 116 个民间足球竞赛组织作为调查对象,之所以选择这些样本主要是基于以下两点:①样本覆盖东、中、西部地区,以及一、二、三线城市,具有较好的区域代表性。②这些样本处于不同的组织发展阶段,具有较好的阶段代表性。

问卷通过以下方式进行发放:①作者事先通过电话联系民间足球竞赛组织负责人进行访谈预约,然后利用编制的问卷对组织主要负责人进行结构式访谈,获取并记录其组织发展程度及效率要素、合法性要素以及组织者动机的相关数据。由于各组织处于不同的发展阶段,其组织者对于各主观指标的评分可能存在标准不一的问题,故在与组织者的访谈过程中,强调其应参照民间足球竞赛组织的一般水准对自己所组织的赛事进行评分。绝大多数组织与其他民间足球竞赛组织之间均有交流、合作,故各组织者对于行业的一般水准具有较好的判断力,能够有效减少由于被访谈者的判断标准不一所造成的测量误差;②通过民间足球竞赛组织负责人与参赛球员进行联系,利用网络通信工具通过点对点的方式发放调查问卷,获取其参与者动机相关数据,最后对各组织的 2 名参与者的数据求平均数,以平均数的结果表示各竞赛组织参与者的动机得分,具体信息见表 1.11。

表 1.11　问卷发放与回收情况

发放对象	发放方式	发放数量/份	回收数量/份	问卷回收率/%
民间足球竞赛组织者	结构式访谈	116	116	100
民间足球竞赛参与者	点对点网络通信工具发放	245	232	94.6

(4)问卷信效度检验

问卷效信度主要包含内容效度与结构效度两个方面。

在内容效度方面,本书邀请七位民间足球竞赛组织的资深从业者,以及三位熟悉该测量内容的体育竞赛方面的学者对问卷变量的有效性进行了评价,评定所用的指标为 CVR,计算公式为:

$$CVR = \frac{n_i - \dfrac{N}{2}}{\dfrac{N}{2}}$$

其中,n_i 表示评价过程中认为某个项目能很好表示测量内容的评判者人数;N 表示评判者的总人数。由于本书所涉及的测量维度和题项均较多,故本书只将测量维度纳入内容效度评价问卷,本书测算了 10 位专家对 29 个维度评判结果的 CVR,结果显示其中 18 个维度的 CVR 为 1,6 个维度的 CVR 为 0.8,5 个维度的 CVR 为 0.6,全部维度的 CVR 平均数为 0.88,删除 CVR 小于 0.8 的 5 个维度(组织吸引力、风险和不确定性偏好、外貌、健康、心理归属),其余 24 个维度的 CVR 平均数为 0.94,表明本问卷具备较好的内容效度,从而形成正式调查问卷,并予以发放。

"组织结构"中的"复杂性"维度以及"效率因素"中的"组织规模"与"赛事级别(范围)"为客观数据,不需要进行信效度分析,所以仅对其余各构念和题项进行信效度分析(见表 1.12—表 1.16)。

表 1.12　信度与效度检验（组织发展分量表）

分类维度	潜变量	题项	标准化因子载荷	显著性 p 值	Cronbach's α 系数
组结结构	正式化	ZS1	0.822	———	0.826
		ZS2	0.796	＊＊＊	
		ZS3	0.644	＊＊＊	
		ZS4	0.739	＊＊＊	
	集权性	QL1	0.761	———	0.748
		QL2	0.779	＊＊＊	
		QL3	0.593	＊＊＊	

拟合指标	RMR	χ^2/df	CFI	GFI	$AGFI$	TLI	$RMSEA$
	0.0251	1.294	0.989	0.958	0.909	0.982	0.051

表 1.13　信度与效度检验（组织者动机分量表）

分类维度	潜变量	题项	标准化因子载荷	显著性 p 值	Cronbach's α 系数
组织者动机	个人兴趣	XQ1	0.648	———	0.665
		XQ2	0.642	＊＊＊	
		XQ3	0.726	＊＊＊	
	奉献精神	FX1	0.683	———	0.804
		FX2	0.822	＊＊＊	
		FX3	0.797	＊＊＊	
	使命感	SM1	0.822	———	0.830
		SM2	0.775	＊＊＊	
		SM3	0.766	＊＊＊	
	经济利益	LY1	0.793	———	0.731
		LY2	0.662	＊＊＊	
		LY3	0.625	＊＊＊	

续表

分类维度	潜变量	题项	标准化因子载荷	显著性 p 值	Cronbach's α 系数
组织者动机	社会认可	RK1	0.774	———	0.748
		RK2	0.796	＊＊＊	
		RK3	0.569	＊＊＊	
	自我实现	SX1	0.743	———	0.764
		SX2	0.676	＊＊＊	
		SX3	0.736	＊＊＊	

拟合指标	RMR	χ^2/df	CFI	GFI	AGFI	TLI	RMSEA
	0.0791	1.501	0.933	0.948	0.867	0.910	0.066

表 1.14　信度与效度检验（参与者动机分量表）

分类维度	潜变量	题项	标准化因子载荷	显著性 p 值	Cronbach's α 系数
参与者动机	社交	SJ1	0.661	———	0.695
		SJ2	0.655	＊＊＊	
		SJ3	0.664	＊＊＊	
	技能	JN1	0.681	———	0.794
		JN2	0.572	＊＊＊	
		JN3	0.663	＊＊＊	
	乐趣	LQ1	0.585	———	0.798
		LQ2	0.573	＊＊＊	
		LQ3	0.582	＊＊＊	
	自我实现	CSX1	0.782	———	0.819
		CSX2	0.776	＊＊＊	
		CSX3	0.884	＊＊＊	
	社会认可	CRK1	0.822	———	0.755
		CRK2	0.835	＊＊＊	
		CRK3	0.577	＊＊＊	
	经济利益	CLY1	0.773	———	0.799
		CLY2	0.699	＊＊＊	
		CLY3	0.873	＊＊＊	

分类维度	潜变量	题项	标准化因子载荷	显著性 p 值	Cronbach's α 系数		
拟合指标	*RMR*	χ^2/df	*CFI*	*GFI*	*AGFI*	*TLI*	*RMSEA*
	0.0417	1.134	0.950	0.897	0.877	0.958	0.033

表 1.15　信度与效度检验(效率要素分量表)

分类维度	潜变量	题项	标准化因子载荷	显著性 p 值	Cronbach's α 系数		
效率要素	赛事计划实现	SSSX1	0.766	———	0.671		
		SSSX2	0.665	＊＊＊			
	赛事组织满意	SSMY1	0.795	———	0.905		
		SSMY2	0.784	＊＊＊			
		SSMY3	0.781	＊＊＊			
		SSMY4	0.765	＊＊＊			
		SSMY5	0.744	＊＊＊			
		SSMY6	0.835	＊＊＊			
	内部权力均衡	QLJH1	0.662	———	0.651		
		QLJH2	0.590				
		QLJH3	0.614	＊＊＊			
	赛事水平	SSSP1	0.728	———	0.781		
		SSSP2	0.762	＊＊＊			
		SSSP3	0.727	＊＊＊			
	外部资源掌控	ZYZK1	0.698	———	0.894		
		ZYZK2	0.782	＊＊＊			
		ZYZK3	0.898	＊＊＊			
		ZYZK4	0.769	＊＊＊			
		ZYZK5	0.839	＊＊＊			
拟合指标	*RMR*	χ^2/df	*CFI*	*GFI*	*AGFI*	*TLI*	*RMSEA*
	0.039	1.037	0.996	0.916	0.867	0.995	0.018

表 1.16　信度与效度检验(合法性要素分量表)

分类维度	潜变量	题项	标准化因子载荷	显著性 p 值	Cronbach's α 系数
合法性要素	规制合法性	GZX1	0.887	— — —	0.670
		GZX2	0.627	＊＊＊	
	规范合法性	GFX1	0.693	— — —	0.819
		GFX2	0.667	＊＊＊	
		GFX3	0.758	＊＊＊	
		GFX4	0.69	＊＊＊	
		GFX5	0.647	＊＊＊	
	认知合法性	RZX1	0.651	— — —	0.745
		RZX2	0.679	＊＊＊	
		RZX3	0.633	＊＊＊	
		RZX4	0.645	＊＊＊	

拟合指标	RMR	χ^2/df	CFI	GFI	AGFI	TLI	RMSEA
	0.0401	1.217	0.981	0.928	0.884	0.975	0.043

在结构效度方面,本书采用结构方程模型建模的验证性因子分析方法,利用 AMOS22.0 软件,分析结果如表 1.12—1.16 所示。结果显示:各构念题项的因子载荷全部大于 0.5,且通过了显著性检验,因而问卷的效度能够得到保证,可以开展后续研究(吴明隆,2009)。

Cronbach's α 系数是 Cronbach 于 1951 年创立的,是指测验内部的项目在多大程度上考察了同一内容,评价的是量表中各题项得分间的一致性。同质性信度低时,即使各个测试题看起来似乎是测量同一特质,但测验实际上是异质的,即测验测量了不止一种特质,α 信度系数法是目前最常用的内部信度系数。实际上,α 系数是所有可能的分半信度的平均值,α 系数是估计信度的最低限度,α 系数高时,信度就高,α 系数低时,信度不一定低。低信度:$\alpha < 0.35$,中信度:$0.35 < \alpha < 0.70$,高信度:$0.70 < \alpha$。分析结果表明:大部分构念的 Cronbach's α 值均大于 0.7,为高信度;其余 5 个略低于 0.7,均大于 0.65,为中等信度,总体数据比较稳定,问卷信度良好。

(三)统计分析法

第一,以组织发展水平测量问卷所获得的"复杂性""正式化""集权性"

三个维度指标的原始数据为基础,采用 K 均值聚类方法建立 116 个被测量的民间足球竞赛组织不同发展阶段的类属中心标准,并将民间足球竞赛组织所处的发展阶段进行归类,以断面动态方式确定处于各阶段的样品集合。

第二,采用 Budescu 提出的优势分析法对处于各阶段民间足球竞赛组织的主要"内在要素"和"外在要素"进行分析,在分析"内在要素"时,以组织发展测量结果的综合分为因变量,以"参与者动机和组织者动机"各维度的测量数据为自变量,对各阶段民间足球竞赛组织发展的内在主导要素进行逐步多元回归分析,从多个备选的函数关系式中选择最具解释力的多元线性回归方程,以确定不同阶段促进民间足球竞赛组织发展的因素。在分析"外在要素"时,以组织发展测量结果的综合分为因变量,然后以"效率要素、合法性要素"各维度的测量数据为自变量,对各阶段民间足球竞赛组织发展的外在主导要素进行逐步多元回归分析,从多个备选的函数关系式中选择最具解释力的多元线性回归方程,以确定不同阶段促进民间足球竞赛组织发展的要素。

第三,以所有三阶段的 116 个样本民间足球竞赛组织发展为因变量,以效率、合法性、参与者动机、组织者动机为自变量,采用多元线性回归分析的方法分析我国民间足球竞赛组织发展的主效应。

第四,采用层次回归分析我国民间足球竞赛组织内、外在要素与其组织发展的交互结构关系。目前研究潜变量交互作用的主要方法有层次回归分析法和结构方程模型法,结构方程模型法对于样本数量要求较高,一般要求样本数量为变量数量的 20 倍以上(曲波等,2005),本书的样本量尚不足以支持结构方程模型法,故采用层次回归分析进行交互作用分析。

(四)案例分析法

在组织与管理研究中,案例研究方法除了可以用来建构理论之外,通常也用来描述组织现象并验证和诠释理论。本书以社会机制作为研究视角,需要对民间足球竞赛组织的发展过程进行剖析,这是一个历时性的问题。而由于研究经费和研究时间的限制,在定量研究方面,本书采取断面分析的范式,难以为读者展现一个具体、形象的民间足球竞赛组织发展的作用关系过程。为了弥补统计归纳法的不足,本书将结合案例分析法对竞赛组织发展过程中的内、外要素及其交互作用关系予以进一步解释,选择一个完整经历三个阶段的民间足球竞赛组织——南岭铁狼杯七人制足球竞赛组织为典型案例,并通过访谈、观察、档案等多资料源以加强研究素材的可靠性和完整性,提高研究的信度和效度。

三、创新点

(一)基于内、外要素分析的整体研究框架构建

本书综合管理学、社会学、心理学等三个学科的理论将组织的发展分析纳入一个统一的框架中来,建立民间足球竞赛组织发展演化的研究框架,揭示民间足球竞赛组织发展的内在动力及其与"技术环境"和"制度环境"的作用关系结构,突破以往单纯从环境因素研究组织发展的局限,提高了对我国民间足球竞赛组织发展演化的解释力。

(二)交易成本和组织收益相结合的效率逻辑框架构建

传统的关于组织发展的效率逻辑一般是基于交易成本经济学的单纯成本分析框架,忽视了组织发展的根本目的——获取最大化的交易净收益,本书结合交易成本和组织收益两种视角,根据我国民间足球竞赛组织发展的现实资料构建了更具解释力的效率逻辑框架。

第二章　民间足球竞赛组织的社会价值与经济价值

第一节　民间足球竞赛组织的社会价值

一、推动公共体育服务合作治理

随着我国经济社会的不断发展,公共体育服务需求日趋多样化和个性化。足球被誉为世界第一运动,受到了全世界的欢迎,中国球迷对足球运动,也已经不再满足在电视机前、看台上观看运动员的精彩表演,而是希望能亲身体验足球运动带来的快乐。但是由于过去社会足球并没有受到重视,使得人们缺少可以进行足球运动的场地设施,更缺乏参与各种足球赛事活动的渠道和组织。单一的政府主体缺乏足够的资源和信息,同时也缺少相关技术人才,难以满足公众多样化、个性化的体育需求,大大限制了人们参与足球运动的热情,使得人们的体育需求长期得不到有效的满足。

民间足球竞赛组织的兴起,无疑给足球爱好者提供了非常好的足球参与机会。与政府部门相比,民间足球竞赛组织作为一个直接面向大众的组织,更了解公众的实际需求,能较好地满足公众的足球运动需求,可大大提高公众的满意度和需求匹配度。民间足球竞赛活动的开展,还盘活了很多闲置的场地资源,并且推动了足球场地的兴建,特别是五人制、七人制场地,这在一定程度上缓解了足球场地设施缺乏的困境。

民间体育组织的发展,使得政府部门能够集中精力做好足球方面的宏观决策及管理、服务工作,从而实现政府职能和角色的回归。民间足球竞赛组织在公共体育服务中扮演着重要角色,逐渐填补由于政府退出而形成的一些公共体育服务领域的空缺、业余足球的事务性工作,如赛事组织管理、足球培训活动、社会足球市场开发等可以由民间足球竞赛组织及所属俱乐部、球队承担，政府部门只需承担宏观的规划与监督职能。民间足球竞赛组织的兴起，有利于在公共体育服务领域构建政府与社会、公民之间良好的互动合作机制，有利于改善社会治理结构，有利于社会和谐发展。

二、为职业足球发展奠定扎实的市场基础和后备人才基础

从世界各国足球职业化的成功经验中，我们可以发现足球职业化的基础是足球的"社会化""普及化"。以德国为例，德甲等职业足球发展势头良好、竞赛水平较高，联盟和各俱乐部也都取得了不错的经济收益，德国国家队近年来在"世界杯""欧洲杯"等国际赛事中也屡获佳绩。德国联赛和国家队的高水平，很大程度上得益于民间足球竞赛的火热，德国的业余足球有地区间联赛、州联赛，大区、城市联赛等，其联赛体系一共由近 10 个级别组成。德国的业余足球俱乐部也遍布全国各地，甚至每个村都有足球队，其中很多名不见经传的球队都已经有半个多世纪的历史了。反观中国，无论是国内联赛的水平，还是国际赛场的战绩都不甚理想，当然这是多方面的因素所造成的，但是足球文化、市场基础和人才基础的严重匮乏是其根本原因。扎实的群众基础是提高足球运动水平的关键，足球事业的发展必须建立在足球运动普及的基础上，前中国国家队队长马明宇曾经提道："业余足球、民间足球是球迷自己的比赛，是中国足球金字塔的'塔基'，直接决定着'塔尖'的高度。必须要把这些'球迷身边的联赛'搞好，才能提升职业联赛的水平。"

足球职业化的本质是实现足球的"市场化"，而一定量的有效需求是足球市场发展的基础，门票收入、赞助、电视转播等是职业足球的主要经济来源，这些来源是否充足，在很大程度上取决于球迷基数的大小，而民间足球竞赛的火热无疑会吸引更多的人热爱足球、参与足球，巩固足球发展的基石。

职业足球的发展、职业联赛水平的提升，还有一个非常关键的问题是青少年后备人才的培养。近年来足球水平发展较好的国家，其青少年足球都备受重视，日本有"足球百年复兴计划"，德国则制订了"职业足球俱乐部青训中心计划"。在我国，《中国足球改革发展总体方案》也明确提出要实现青少年足球人口规模化增长。拓展足球运动员成长渠道和空间，发展职业足球必须加强青少年足球运动员培养已经成为各界人士的共识。而民间足球

竞赛组织对于青少年足球运动的发展也同样非常关注,很多民间足球联赛都设有青少年组,还有部分民间足球竞赛组织开设青少年球员和教练的培训营,助力发掘、培养足球人才。为了进一步整合青少年培训资源,2016年初,国内12家民间足球俱乐部的负责人宣布成立青少年足球发展联盟,旨在促进青少年足球教学资源、宣传推广方面的规范管理,为中国足球的普及和推广做贡献。在青少年训练、比赛等各个方面,民间足球竞赛组织都积极参与,这必将为职业足球发展做出应有的贡献。

三、为职业足球改革提供借鉴

纵观我国职业足球20多年的发展与改革,历尽坎坷,然而取得的成绩却不够理想。虽然,《中国职业足球联盟章程》已经审核通过,职业联盟各部门已开始着手组建,中超和中甲职业联赛将由职业联盟具体运营管理,但是依然处于探索阶段,还存在着很多已知和未知的障碍,急需理论指导与成功经验的借鉴。联赛组织体制和运行机制的落后是制约我国职业足球发展的重要阻碍,建设符合我国现实环境的职业足球联盟,搭建利益共同体关系,是我国职业足球改革的必然要求。欧美国家职业联盟的成功经验为我们指明了改革的方向,也给我们提供了许多可供借鉴的经验,但是由于社会文化等环境的差异,我们还需要积极探索符合我国实际情况的职业足球联盟发展道路。

我国民间足球竞赛组织属于自发的竞赛组织,其起源与发展过程中较少出现行政力量的过度干预,是基于市场合作与博弈而形成的一种契约关系。当然目前的民间足球竞赛组织也极少采用真正的联盟形式,绝大部分民间足球竞赛组织的所有权仅属于组织的创建者,各球队、俱乐部仅是联赛的参与者,并没有任何产权。不过,部分民间足球竞赛组织也正在进行不同治理模式的尝试,例如,广东省民间足球促进会就正在考虑采用现在的联盟形式,省联赛产权的所有者通过股份制的形式与投资者以及下级联盟的所有者分享省联赛的所有权,整合资源,凝聚力量,构建联赛发展的利益共同体。虽然,民间足球竞赛组织自身组织化程度相对于职业足球竞赛组织来说还较低,在许多地方还需要模仿职业联赛,但由于民间足球竞赛组织是在非行政力量主导下形成的一种市场关系,并且正处于快速的发展完善过程中,所以我们有理由相信,民间足球竞赛的组织与制度创新过程值得我国职业联赛密切关注,民间足球竞赛组织与职业体育联盟应该相互借鉴,共同推动我国足球运动的快速发展。

第二节　民间足球竞赛组织的经济价值

一、赛事直接经济效益

2014 年 10 月,国务院印发了《关于加快发展体育产业促进体育消费的若干意见》,其中提出:"到 2025 年中国的体育产业要达到 5 万亿元,对中国 GDP 的增长会比现在体育产业的贡献率有大幅度的提高。"实现这 5 万亿元的宏伟目标,足球作为世界第一运动必须扮演重要角色,按照相关占比测算,2025 年中国足球产业规模将超过 2 万亿元。而这 2 万亿元的市场除了职业足球产业之外,民间足球竞赛产业也是其中一个非常重要的部分,目前参与足球联赛的队伍和队员越来越多,仅 2016 年广东联盟杯七人制足球赛就设有 23 个赛区,有 800 多支球队参赛,球员超过 1.4 万人,拥有广泛球迷基础的民间足球竞赛将为足球产业贡献不菲。

随着民间足球竞赛的影响力日益扩大,民间足球竞赛的商业开发,包括冠名权、其他赞助与广告等也逐渐发展起来。民间足球迅速发展,足球运动的参与者人数众多,形成了一定的商业价值。虽然民间足球赛事由于竞赛水平相对较低,其影响力和商业价值无法与职业足球比赛相提并论,但目前一些民间足球竞赛,如深圳铁狼杯、广东联盟杯、粤超等赛事也同样受到广东体育电视台的关注,对其中部分赛事进行直播,虽然这些赛事都没有获得任何转播收入,甚至还要付费给媒体,但是大大增强了民间足球联赛的影响力和受关注度。许多商家已经注意到了其巨大的受众群体,期望通过对民间足球赛事的赞助,获得更高的营销收入。卡尔美(KELME)是近两年在中国足球装备市场上崛起的一支新军,卡尔美的中国代理商在 2014 年才拿到中国市场的所有权,开始负责其在中国市场的研发、生产和销售,2016 年卡尔美营收将近 5 亿元人民币,其中足球品类占到卡尔美收入来源的 80%。卡尔美除了赞助中甲、中乙联赛以及球队之外,还赞助了非常多的民间足球联赛及球队,例如广东联盟杯全省总决赛、太原足球联盟、湘皖赣城市冠军杯足球赛、"鲁能泰山杯"业余足球联赛。据不完全统计,其赞助的民间足球赛事约有 70 个,这些民间赛事及球队的赞助是卡尔美得以迅速打开市场的关键。赛事的赞助在为品牌商提供巨大商业价值的同时,也为联赛组织者带来了不小的收益,一些较为知名的赛事每年的赞助经费近百万元,一些较低水平、影响力较小的赛事赞助金额则一般为几千元到几万元不等,这些赞助收入在不同程度上为联赛的生存与发展提供了资金支持。

二、推动关联产业发展

美国经济学家赫希曼(1958)认为,当代经济各部门间都存在前向、后向联系,即一个产业的发展变化将会导致与其直接或间接相关的其他产业部门的变化。除了竞赛产业本身的商业价值之外,体育产业还有产业关联效应较高的特征。足球竞赛产业对于体育场馆建设、体育用品制造、体育赞助、体育传媒的发展都有积极的推动作用。

目前国内与足球竞赛产业关联效应较强的主要还是体育场馆与体育用品业,民间足球竞赛的发展首先对足球场地的经营与建设提出了要求,民间足球密集的赛事盘活了许多足球场地资产,很多地区为了满足民间足球竞赛需求兴建了很多足球场地,一片七人制人工草地球场的建造费用将近100 万元,由此可见,场地建设是其中一个非常重要的关联产业。足球服、足球鞋、足球护具等体育服饰装备也是民间足球比赛所必需的,正规的业余赛事都要求参赛队伍统一比赛服装,配备必要的运动护具,民间足球竞赛的发展也直接刺激和推动了体育用品市场的繁荣和发展。

围绕民间足球赛事还衍生出了许多相关的服务产业,例如斑马邦、踢球者、绿茵时刻、绿茵场、TT 足球、我是球星等足球网络服务公司,为业余足球球队管理和赛事提供运营工具平台,帮助赛事和球队找球队、管球队、办赛事、拉赞助。短短几年间涌现了数十个类似的公司,这些企业服务于民间足球赛事,推动了民间足球的发展,同时在这个过程中,企业自身也不断获取资源,发展壮大,其中,斑马邦已获得劲邦资本的投资。

目前民间足球竞赛市场还处于快速成长过程中,随着市场的不断扩大,民间足球竞赛及其关联产业必将成为体育经济的新的增长点。

第三章 我国民间足球竞赛组织
的发展阶段及其组织特征

第一节 民间足球竞赛组织的发展阶段

一、民间足球竞赛组织发展阶段划分数目及指标体系

经过数十年的发展,企业管理理论形成了多种组织发展阶段理论,他们对于阶段划分的标准与阶段划分数目还存在着一定的分歧。其中,较为普遍采用的有四阶段划分法,即起始、发展、成熟、衰退,以及五阶段划分法,即创业、聚合、规范化、成熟、再发展(或衰退)。

我国许多民间足球竞赛组织从起始阶段的松散化状态发展至当下相对正式化、制度化、规范化的状态,并且继续快速发展。杨升平(2015)将我国民间足球竞赛组织发展划分为起始、成长、成熟等三个阶段,但学者们关于我国是否已经有部分民间竞赛组织进入成熟阶段,存在着较大争议。本书先搁置民间足球竞赛组织所处具体阶段这一争议,而是先确定阶段划分数以及阶段划分标准,进而获取各阶段的相应数据,据此探讨组织发展的动态过程。根据研究的价值和客观现实,我们认为民间足球竞赛组织三阶段的划分法有其优势和合理性:①无论是根据上述的四阶段划分法还是五阶段划分法,我国民间足球竞赛组织都尚未完全进入第四阶段和第五阶段;②三阶段的划分法能较好地归纳民间足球竞赛组织的阶段特征,因为如果阶段划分数量过多,各阶段发展特征没有明显差异,其阶段划分价值无法显现,而如果将阶段数定为两个,则又难以全面详尽地体现组织发展过程的动态性和阶段性。综上所述,本书将民间足球竞赛组织的发展过程划分为三个阶段。

本书在前文中已经指出："组织发展"是指"民间足球竞赛组织"为实现其组织目标而不断结构化、制度化的过程,而组织结构的三个维度"复杂性、正式化以及集权性"能够较好地反映组织结构化、制度化程度即组织发展阶段,故本书通过这三个维度来对"民间足球竞赛组织"所处的发展阶段进行测量。复杂性包括:职能部门的数量、职能部门的层级数、组织内固定的职位数量等三项指标;正式化包括:竞赛活动组织程序的标准化、组织内沟通程序的标准化、竞赛规程的成文化程度、组织其他管理制度的成文化程度等四项指标;集权性包括:职能部门的临场自主决策权程度、职能部门在竞赛活动组织决策中的参与程度、球队代表在竞赛活动组织决策中的参与程度等三项指标。

二、基于类属标准的民间足球竞赛组织发展阶段划分

在确认了阶段划分数目及指标体系之后,还需要选择合适的数据处理工具,才能进行民间足球竞赛组织的阶段划分。聚类分析是一种将数据按一定规则分类的数据处理技术,给定一组数据,我们可以使用聚类方法将每个数据点分类到相应的类别中,聚类之后,属于同一类的数据应具有相似的属性或特征,而不同类中的数据则应具有较大差异。故聚类方法可以为我们提供一个可行的阶段划分工具,从而对各自具有不同特征的各发展阶段进行区分。

所以本书采用 K 均值聚类方法,以"复杂性、正式化以及集权性"三个维度的原始数据作为聚类变量,将建模聚类个数 K 设为 3(三阶段),利用K-means 算法进行聚类。调查结果显示:被调查的 116 个民间足球竞赛组织可划分为三个不同阶段,其中有 41 个处于"第一阶段",41 个处于"第二阶段",34 个处于"第三阶段"(见表 3.1)。

表 3.1　各阶段民间足球竞赛组织分布

组织发展阶段	案例数量	组织(赛事)名称	占比/%
第一阶段	41	TW 杯足球邀请赛(上海)组织	35.3
		平江之星俱乐部足球联赛(长沙)组织	
		龙岩市"紫金山体育公园杯"社区足球赛组织	

续表

组织发展阶段	案例数量	组织(赛事)名称	占比/%
第一阶段	41	厦门湖边球场"飞翔杯"七人制足球联赛组织	35.3
		莆田2016年涵江"武夷木兰都"元旦杯足球邀请赛组织	
		瓦尔多杯足球争霸赛(厦门)组织	
		Dream五人制秋季联赛(上海)组织	
		"毅腾球迷协会杯"五人制足球联赛(绍兴)组织	
		泉州足球超级联赛组织	
		上海日曜竞技足球邀请赛组织	
		龙岩市"英盾杯"足球邀请赛组织	
		GO PLAY联盟MINI热身赛(上海)组织	
		"菜鸟杯"七人制足球联赛(厦门)组织	
		平江贺岁杯足球赛(岳阳)组织	
		舒莱狮泉州五人足球赛组织	
		石狮春季七人足球赛(泉州)组织	
		蓓蕾杯石狮市业余足球俱乐部锦标赛(泉州)组织	
		以球会友杯七人制足球赛(长沙)组织	
		南宁黑芒果六人制足球联赛组织	
		"启航体育"杯室内五人制足球邀请赛(苏州)组织	
		中信度假杯江西精英足球赛组织	
		踢球者公园杯"秒杀战"3V3足球挑战赛(上海)组织	
		漳州梦工厂杯五人制业余足球赛组织	
		南昌县"银城江畔杯"七人制足球赛(南昌)组织	
		2017年"踢遍福建"足球邀请赛组织	
		莆田2016年"文献杯"城厢区五人制足球邀请赛组织	
		桂林龙胜天龙足球联赛组织	
		桃花岭五人制足球联赛(长沙)组织	
		星空杯足球邀请赛(上海)组织	
		温州龙湾区五人制足球邀请赛组织	

续表

组织发展阶段	案例数量	组织（赛事）名称	占比/%
第一阶段	41	武广杯七人制足球比赛（长沙）组织	35.3
		上海"小黑地板杯"八人制足球赛组织	
		林科大九人制足球联赛（长沙）组织	
		T. LEAGUE 足球联赛（广州）组织	
		上海"张江高科杯"春季足球超级联赛组织	
		南京弱队之家超级联赛组织	
		七必翔足球俱乐部联赛（上海）组织	
		夜踢南昌足球联赛组织	
		南京市"疯狂球迷杯"企事业单位业余足球联赛组织	
		南昌市草根足球联赛组织	
		上海 IPTV 七人制足球赛组织	
第二阶段	41	杭州市草根五人制足球联赛组织	35.3
		集美全民健身五人制足球赛（厦门）组织	
		宁波中国国旅杯五人制足球赛组织	
		宁乡市"农商银行"七人制足球联赛（长沙）组织	
		萧山足球协会秋季联赛（杭州）组织	
		优世"贺岁杯"七人制足球赛（上海）组织	
		湘潭市业余足球联赛组织	
		中国五人足球城市联赛厦门赛区组织	
		中国人寿杯、体育彩票桂林七人制足球赛组织	
		丰骏八人制俱乐部联赛（上海）组织	
		南昌市百事可乐"佳得乐杯"足球赛组织	
		瓯海区"新奥杯"足球联赛（温州）组织	
		普陀赛区"红双喜杯"足球争霸赛（上海）组织	
		南昌国体足球公园五人制足球联赛组织	
		张家港足球超级联赛（苏州）组织	
		"战长沙"业余足球联赛（长沙）组织	

续表

组织发展阶段	案例数量	组织(赛事)名称	占比/%
第二阶段	41	杭州"纵贯体育杯"乐享足球联赛组织	35.3
		苏州新区企业 11 人制足球联赛组织	
		"和特杯"苏超联赛(苏州)组织	
		Soccer World(中国)踢踢杯厦门五人制足球全国赛组织	
		长沙七人足球联盟	
		长沙星沙城际业余足球联赛组织	
		青浦足球草根联赛(上海)组织	
		桂林市城市足球联赛组织	
		泉州维信足球联赛组织	
		松江草根足球超级联赛(上海)组织	
		江西省"兄弟杯"业余足球联赛组织	
		广东足球超级联赛广州赛区组织	
		中国城市足球联赛长沙赛区组织	
		禾山杯厦门社区足球赛组织	
		"我爱足球"漳州区五人制足球赛组织	
		SPORVA Fourty 春季联赛(上海)组织	
		松茵园林杯上虞八人制足球赛(绍兴)组织	
		杭州城市足球联盟七人制欧洲杯组织	
		盛泽贺岁杯足球锦标赛(苏州)组织	
		江宁区足协杯业余足球赛(南京)组织	
		海曙区满意紫金足球赛(宁波)组织	
		浙大微贷网杯校友足球赛(杭州)组织	
		杭州梦想小镇杯足球联赛组织	
		温州足球甲级联赛组织	
		古梅杯全国邀请赛(东莞)组织	
第三阶段	34	漕河泾企业足球邀请赛(上海)组织	29.4
		宁奥·索福德业余足球联赛(南京)组织	

组织发展 阶段	案例数量	组织（赛事）名称	占比/%
第三阶段	34	高校校友深圳快乐足球联赛组织	29.4
		西溪杯足球邀请赛（杭州）组织	
		上海金山草根足球联赛组织	
		龙岩足球甲级联赛组织	
		百灵鸟五人制杭城超级联赛（杭州）组织	
		青浦足球超级联赛（上海）组织	
		上海金山足协杯赛事组织	
		绍兴城市足球联赛组织	
		金枫杯业余足球邀请赛（苏州）组织	
		校友足球联赛上海区组织	
		世纪联盟（上海）	
		广西3040足球联赛组织	
		宁波市足球超级联赛组织	
		南宁市五人制足球超级联赛组织	
		蒂尔森电梯杯男子足球赛（湖州）组织	
		"斑马邦杯"上海互联网足球联盟	
		苏州快乐足球联盟春季联赛组织	
		上海北超联赛春季赛组织	
		上海GSL联赛组织	
		"乐超杯"八人制业余足球联赛（苏州）组织	
		毕盛（南京）足球联赛组织	
		广东足球超级联赛组织	
		松江区业余足球联赛（上海）组织	
		"锋芒"厦门市五人制足球赛组织	
		温州"小世界杯"足球赛组织	
		沙叶杯南京市足协超级联赛组织	
		桂林五人制足球赛组织	

续表

组织发展阶段	案例数量	组织(赛事)名称	占比/%
第三阶段	34	叱咤风云红双喜杯上海城市五人制足球赛组织 森和杯上海职工超级联赛组织 广东社会足球联盟 苏宁体育江苏省大学生城市足球联赛组织 深圳铁狼杯赛事组织	29.4
合 计	116		100

对各发展阶段组织在复杂性、正式化与集权性等组织发展三个维度上的均值与方差等描述性统计见表 3.2。

表 3.2　各发展阶段民间足球竞赛组织发展各维度描述性统计

维度	阶段	n	均值	标准差	标准误	均值的 95%置信区间		极小值	极大值
						下限	上限		
复杂性	第一阶段	41	6.12	0.900	0.14	5.85	6.38	4	8
	第二阶段	41	8.61	1.447	0.22	8.21	9.08	6	12
	第三阶段	34	12.12	1.665	0.28	11.59	12.70	9	15
正式化	第一阶段	41	11.29	1.585	0.24	10.81	11.77	9	14
	第二阶段	41	14.54	1.164	0.19	14.17	14.90	12	17
	第三阶段	34	17.79	1.298	0.22	17.37	18.24	15	20
集权性	第一阶段	41	7.98	1.440	0.22	7.53	8.40	5	11
	第二阶段	41	10.12	1.269	0.19	9.76	10.51	8	12
	第三阶段	34	11.53	1.022	0.18	11.17	11.86	10	13
组织发展标准化得分	第一阶段	41	24.34	2.140	0.32	23.67	24.95	19	28
	第二阶段	41	32.12	2.441	0.38	31.42	32.90	28	36
	第三阶段	34	39.85	2.687	0.45	39.00	40.81	36	47

为了更好的体现民间足球竞赛组织在三个不同阶段的总体特征,我们制作了各阶段组织发展特征变化的简表(见表 3.3),并在对数据进行标准化处理后,制作了雷达图(见图 3.1)。

表 3.3　各阶段民间足球竞赛组织发展特征

组织发展维度	第一阶段	第二阶段	第三阶段
复杂性	6.12	8.61	12.12
正式化	11.29	14.54	17.79
集权性	7.98	10.12	11.53

　　处于不同发展阶段的民间足球竞赛组织存在着阶段性特征,对数据进行标准化处理后,雷达图较好地体现了这些主要特征(见图 3.1),处在不同阶段的民间足球竞赛组织在复杂性、正式化、集权性等三个类属标准上均有较为明显的区分度,并呈现出递增趋势。其中集权性维度的阶段差距相对较小,主要是由于民间足球竞赛组织普遍集权化程度低。

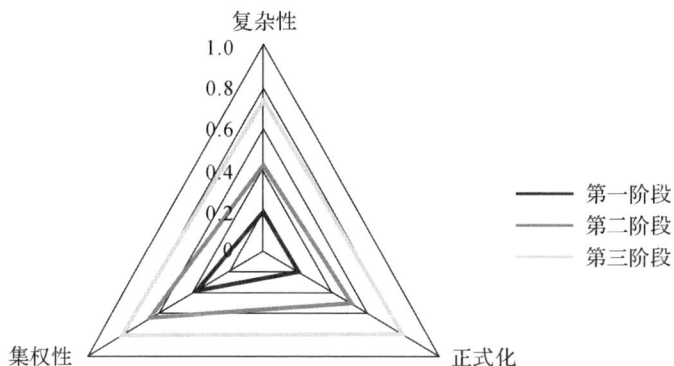

图 3.1　各发展阶段民间足球竞赛组织发展特征

第二节　民间足球竞赛组织各发展阶段的主要特征

一、民间足球竞赛组织"第一阶段"的主要特征

　　处于"第一阶段"的民间足球竞赛组织,从组织复杂性来看,大部分仅有1～3 名组织者,人员数量少也决定了其无法进行分工,基本未设置职能部门,当然也不会出现职能部门的分层。从调查的情况来看,41 个处于第一阶段的民间足球竞赛组织中的 29 个组织仅有 1 名组织者,其承担着"竞赛安排、租用场地、收取参赛费、购买保险"等多项工作,管理人员全职性特点

致使专业化水平较低。

在组织的正式化方面,竞赛活动组织程序的标准化欠缺,大部分组织尚未形成较为固定的组织程序,赛前的联席会议、赛中的比赛协调监督、赛后的总结等工作随意性较大,特别是赛后的总结工作,绝大部分组织完全缺失这一环节。竞赛规程成文化还停留在表面,因为通用的足球竞赛规程已经较为成熟,所以各竞赛组织在竞赛规程方面一般会标明:"比赛执行中国足协公布的最新《足球竞赛规则》",虽然竞赛规程在表面上相对完善,但受条件限制,很多赛事并没有严格执行这些规程,对球队违规的处罚、比赛场地和比赛装备规范、裁判的数量和资格等方面都会进行灵活变通执行。例如在裁判方面,部分赛事没有专门聘请裁判,而是由未参赛的球员担任,还有部分七人制赛事为了节约办赛成本和减少争议而不设置越位规则和边裁,大部分赛事对于裁判资格的要求也并不明确;在比赛场地和装备方面,很多场地并非标准场地,球员服装的颜色、号码等都没有进行规范。另外,在这一发展阶段竞赛规程也并不稳定。例如,球队大名单人数、换人名额、外援数量、是否设置越位等规则经常会根据球员意见和实际执行效果而不断调整。在其他管理制度方面,处于第一阶段的民间足球竞赛组织大部分组织成员较少,涉及费用收入和支出数额不大,事项较为明确,另外,大多数组织没有在民政或者工商部门正式注册,所以并没有建立人事制度、财务制度的动力和外在强制力,仅有的组织章程大部分也停留在纸上,没有按章执行。组织与成员及成员之间的沟通相对较为随意,主要通过 QQ、微信等方式,绝大部分组织都没有建立网站,部分组织会通过微信公众号发布赛事信息。

在集权性方面,处于"第一阶段"的民间足球竞赛组织,球队代表可以通过一些渠道向组织者提出赛事组织的相关建议,但是缺乏一个固定的程序和渠道,部分赛事召开了赛前联席会议,会邀请各球队代表和裁判等参与,但主要会议内容是赛事对阵抽签等工作,较少涉及赛事组织决策的相关问题,赛事的主要决策如赛制、竞赛规程等基本由赛事组织者一人单独决策。

二、民间足球竞赛组织"第二阶段"的主要特征

当竞赛组织进入到"第二阶段"时,首先是组织者人数的增多,一般来说组织者为 3～6 人左右,大部分组织有 2 名以上专职工作人员,而且开始设置一些相关职能机构,主要有办公室、竞赛委员会、裁判委员会等部门,但实

际分工并不明确,大部分工作还是灵活安排,基本上是"谁有空谁上"和"能者多劳"。由于组织者人数并不多,所以并未出现明显的组织层级,通常的赛事的主要组织者为会长(秘书长),其他人员为普通工作人员,这些工作人员即使其头衔为副会长、总监等职位,也并非真正管理岗位,没有任何下属,不承担管理职能。但总体来说,组织者人数增多,使得组织专业化水平有所提升。

在这一阶段,竞赛活动组织程序的标准化也同样有所提升,赛前的联席会议、赛中的比赛协调监督、赛后的总结颁奖等赛事组织程序基本会完整履行。赛前联席会议和赛后总结会议的组织更为规范,有了较为固定和正式的议程;在赛中有专人负责赛事的现场监督协调;赛事的开幕仪式也相对正规化,部分赛事邀请政府、足协官员出席开幕式。在竞赛的规程方面,各项规程细节如参赛球员体检合格证明、着装规定等都有比较明确的规定,例如参赛队上报两套不同颜色的比赛服,且必须指定一套为主队比赛服,球衣、球裤、球袜必须统一;只允许穿着布面胶钉、TF(碎钉)、AG(圆形或方形的胶质中短软钉子)足球鞋进行比赛;必须佩戴护腿板。但在这一阶段竞赛规程依然不够稳定,会根据实际情况进行较多的调整。

在其他管理制度方面,绝大部分处于第二阶段的民间足球竞赛都有赞助收入,组织工作复杂程度也有所上升,但仅有少部分组织建立了财务制度和人事制度。在组织内外部沟通方面,绝大部分组织都建立了微信公众号,赛事招募通知、赛程安排、赛事进程与结果等重要通知会通过微信公众号即时公布,少部分组织还建立了网站,但长期没有进行维护更新,基本处于停滞状态。

在集权性方面,处于"第二阶段"的民间足球竞赛组织者会有意识地征求球队对赛事组织的一些意见和建议,同时也会赋予组织的其他工作人员一定的临场自由决策权,一些职权范围内的事务可以由其自行决断。

三、民间足球竞赛组织"第三阶段"的主要特征

当竞赛组织处进入到"第三阶段",组织者的人数进一步增多,很多赛事工作人员达 10 人以上,而且基本都有 3 名以上的专职工作人员,相关机构设置也进一步增多,除办公室、竞赛委员会、裁判委员会等部门外,部分组织还设有市场开发委员会、新闻委员会等,并开始出现正式的组织层级,一般

为2~3层,部分组织达到四个层级,如广东业余足球联盟、广东足球超级联赛、深圳南岭铁狼杯七人制足球赛等。随着组织者人数增多,分工进一步明确,组织专业化水平也相应进一步提升。

竞赛活动组织程序的标准化也有所提升,除赛事的开、闭幕式外,还会举办比较正式的颁奖仪式。对于裁判的要求也进一步提升,都明确要求持有足协颁发的裁判资格证。足球竞赛规程已经非常成熟,相对前两阶段竞赛规程的不断调整,第三阶段的各项规程基本稳定下来,得到了比较一致的认可;并且这些规程与职业足球规程也更为接近或完全相同,特别是换人名额、是否采用越位判罚等重要规则都更倾向采用职业赛事通用规则;另外,在球队和球员的准入资格和管理上也更为严格,大部分赛事都对球队和球员的参赛资格有了更为明确的规定,例如要求球队配备队医,并要求球队和球员必须在赛事组织处进行注册方可报名参赛。

而在其他管理制度方面,由于组织工作人员和收支经费的增加,在实际运作上对组织提出了规范内部管理的需求,另外,第三阶段的民间足球竞赛组织都已在民政或者工商部门进行注册,从合法性上也提出了规范管理的需求,所以这些组织都建立了基本的人事、财务制度来规范其组织行为。在信息沟通方面,大部分组织除了建立微信公众号之外,还建立了专业网站,重要通知会同时在专业网站与微信公众号上公布,以彰显其正式性。

在集权性方面,大部分处于"第三阶段"的民间足球竞赛组织会定期地征求球队对赛事组织的意见和建议,例如,广东社会足球联盟还专门召开广东草根足球发展论坛,邀请球队、裁判、下级赛事组织者一起讨论竞赛规程等内容,涉及赛制、是否设置越位规则、比赛时长、比赛请枪手、比赛装备规范性等各项赛事发展的重要细节问题。在职能部门的决策参与权方面,由于赛事组织事务的增多和组织工作进一步规范和明确,职能部门工作人员获得了更多的临场自由决策权。

第四章 我国民间足球竞赛组织
发展的内、外要素结构

根据权变理论,为了更好地实现组织目标,组织的管理方式与组织结构需要随着组织内外环境的变化而变化,民间足球竞赛组织正是随着其内在要素(参与者动机、组织者动机)和外在要素(效率要素、合法性要素)的变动而进行相应的变动与发展。所以本书首先基于"动机理论",从参与者动机和组织者动机两个方面分析民间足球竞赛组织发展的主要内在要素;其次,外在要素中的效率要素与合法性要素也在推动着组织的发展变动,制度学派把组织所面临的环境分为技术性的与制度性的(周雪光,2003)。技术环境要求组织有效率,即按效率最大化原则组织生产,根据合法性理论,组织并非一个纯技术理性的体系,不但追求效率最大化,组织的发展还会受到合法性的推动和制约。组织结构的科层化、行为的理性化,以及子系统内部共享价值和集体规范的制度化,必将要求民间足球竞赛组织"内在要素"与"外在要素"进行结构互动。

第一节 民间足球竞赛组织发展的内在要素结构

一、民间足球竞赛组织发展的参与者动机要素结构

前面研究已经指出,根据身体活动与休闲动机量表 PALMS 以及民间足球相关研究,我们将民间足球赛事参与者的主要动机总结如下:社交、外貌、健康、技能、兴趣、自我实现、心理归属、社会认可、经济利益。但根据问卷效度的专家咨询结果,外貌、健康、心理归属几个维度得分较低,被删除。这几项虽然是球员参与足球运动与竞赛的重要动机,但专家们认为这些动机的增强并没有促进民间足球竞赛组织的结构化,故而不应该作为本书的

自变量。

（一）社交

随着人们生活水平的提高，空闲时间增多了，人们对于运动休闲与社交的需求也在不断增长。其实运动场就是一个非常好的社交场，参与集体运动已经成为社交的一个重要方式，足球爱好者们都有着相同的爱好，加入球队与队友们一起踢上几次比赛，自然而然就能找到志同道合的朋友。所以有很多业余球员参与比赛的目的就是希望通过参与足球活动维持与增进和其他球友的感情，或者希望认识一些新朋友，从而保持良好的社会关系。

（二）技能

很大一部分高水平球员和足球深度爱好者在参与足球活动时，不仅仅是为了放松和乐趣，他们有着提升足球技术、技能的强烈渴望。而参与一项固定的足球赛事有助于保持、提高个人运动技能，因为联赛、杯赛等赛事要求球员能保证一定的出勤率，有些球队还会有组织地进行训练，通过比赛也可以与实力相当的对手进行切磋，以上这些因素都有助于球员通过参赛来保持和提高技能。所以，很多球员都会积极地参与一些足球赛事，希望达到保持、提升足球技能的目的。

（三）兴趣

民间足球竞赛作为一项业余体育活动，其本质功能应该是健身娱乐。共同的兴趣爱好是民间足球竞赛组织形成的初始动力，个人兴趣和愉快的自我感受，对于激发球员参与民间足球竞赛具有直接意义。几乎所有的民间足球参赛球员对足球都具有较强的兴趣，大部分参与者都认为足球是一种娱乐性很强的活动，通过参与足球运动可以使其变得更加开心和快乐。学者们的研究也表明：在身体活动参与过程中，个体的愉快感受和对活动本身所产生的兴趣是代表内部动机最重要的两个指标，它们直接决定着身体活动参与的持续性和坚持性（Booth et al.，1981）。

（四）自我实现

体育运动已经成为人类高级需求"自我实现"的一个重要部分，这种需要的满足就是通过完成与自己能力相匹配的任务，充分发挥自己的潜力，成为自己所期望的角色，从而达到自我价值体现的目的。足球运动是一项较能体现拼搏、奋斗精神的运动,在足球赛事参与过程中,球员们运用自己的智慧和身体,发挥自己最大潜能,战胜对手,以优秀的场上表现展示自我,感受到自我能力的发展和提高,进而获得自我实现的快乐。

(五)社会认可

在现代社会中运动能力越来越受到大众的关注,一个有体育特长的人,在其他条件与别人相同的情况下,往往更容易受到大家的欢迎和认同,我们也可以经常见到很多明星和普通人在社交网络上展示自己的运动能力,以吸引大家的眼球。足球作为世界第一运动,其受关注程度无疑是最高的,现在部分高水平业余联赛还吸引了不少媒体的关注,如果球员在影响力较大的业余足球比赛中有突出表现,获得一个好成绩,会在当地的业余足球圈内和亲朋好友之间享有较高的声誉,更能达到展示自我、获得社会认可的目的。

(六)经济利益

民间足球竞赛属于业余性质,绝大部分球员都是业余足球爱好者,他们都有着自己的本职工作,并不依靠也没能力依靠踢球谋生。但其中也有部分退役职业球员和其他高水平球员参与民间足球比赛,他们参与民间足球竞赛可以获得一定的出场费,根据球员水平和地区经济发展水平有所差异,一般来说一个月 1000 元至 10000 元不等,有些球队还会另设赢球和晋级奖金,还有一些大型的企事业单位会招募一部分高水平球员作为其单位员工,让其一边工作,一边在单位球队踢业余比赛。随着民间足球竞赛火热程度的上升,一些发达地区的高水平业余球员通过踢球也可以获得不错的经济收益。

二、民间足球竞赛组织发展的组织者动机要素结构

民间足球竞赛组织者的动机可以被看作是一种社会创业动机,他们是一个利己动机与利他动机的混合体,既有为球员服务等利他动机,同时也兼具追求商业利益等利己动机,只是在不同类型的竞赛组织以及竞赛组织发展的不同阶段其动机强度会有所差异。前文研究已经指出,根据社会创业动机量表以及民间足球相关研究,我们总结出民间足球赛事组织者的主要动机:个人兴趣、奉献精神、使命感、风险和不确定性、经济利益、社会认可、

自我实现。但根据问卷效度的专家咨询结果,其中风险和不确定性维度得分较低,予以删除。

（一）个人兴趣

绝大部分民间足球竞赛的组织者都是足球爱好者,个人兴趣是其组织赛事的一个重要原因。一个组织者无论是球队队长、领队或者是场地出租者,他们自身都对足球运动非常热爱。球队的队长、领队一般是由于约球的形式已经无法满足其需求,所以希望组织一个足球赛事,让大家聚到一起,为球友们提供一个交流、娱乐的平台,自己也从赛事组织工作中收获很多乐趣。而球场出租者从事球场经营管理除了出于经济目的以外,其中大部分人自身对于足球运动也是十分热爱的,他们组织足球赛的目的同样也存在着个人兴趣的成分。

（二）奉献精神

奉献精神也是民间足球竞赛组织者的重要驱动力之一,为了组织足球赛事,他们需要心甘情愿地奉献自己的时间,发布赛事、联系场地以及购买保险等各项后勤服务都需要组织者尽心尽力地去完成。很多赛事并不盈利,有些组织甚至是在亏钱办赛,这些时候,正是这种愿意为公共利益奉献自己力量的精神在驱使他们坚持着。

（三）使命感

民间足球竞赛组织者创办赛事实质上是一种社会创业,而社会创业更多的是由某种或多种社会使命和社会责任所驱动的,高度的社会使命感是其中部分组织者选择组织赛事的动力源泉之一。在组织民间足球赛事的过程中,组织者可以享受组织赛事所带来的快乐和满足感,但同时也会面临很多困难甚至风险,如果一个组织缺乏使命感,其发展动力必然不足,所以一项赛事要坚持下去并不断壮大,需要组织者具有强烈的使命感。正是这些"满足大众公共体育服务需求""推动中国足球事业发展""推动赛事的发展壮大"等强烈的使命感在推动着组织的不断制度化和组织化。

（四）经济利益

随着民间足球竞赛的不断发展,其所受到的关注程度越来越高,一些企业希望通过赞助民间足球赛事从而获得更大的品牌影响力,还有一些企业完全出于公益和爱好的目的也会积极地为赛事组织提供资金、资源，对足球关注度的上升使得民间足球赛事更多地获得政府的公共服务购买资金、社会组织补贴资金等一系列的扶持。所以部分赛事特别是发达地区的赛事可以获得一定的经济收益，广东、上海等地的部分高水平赛事一年可以盈利几十万元，还有一些足球场地出租者为了提高场地的利用率，也会举办一些足球赛事。还有一些以体育爱好者为主要受众的报社，为了吸引读者，提高报纸的销量，也会举办一些足球赛事，并进行相关跟踪报道。这些组织出于各自不同经济利益目的，都参与到民间足球赛事的组织中来。

（五）社会认可

社会认可就是一个人被社会群体从心理上认可，以及这种认可所带来的自豪感和归属感。他们不安于现状，不断希望从环境中获得认可和肯定，这种认可在一定的领域，会为其带来相当高的心理满意程度，从而实现激励的心理效用最大化。在民间足球竞赛中，社会认可也是组织者的重要动机之一，他们更努力地为自己的事业而奋斗，希望通过为当地的公共体育服务做出贡献，将赛事办出名气，从而获得亲朋好友以及当地政府、社会的认可。

（六）自我实现

在民间足球竞赛中，球员们通过不断地提高自己的竞技水平、战胜对手获得成绩而达到自我实现的目的，而组织者则通过在办赛过程中最大程度地发挥自己的潜能，通过领导更多的人和调动更多资源，通过将赛事组织得更为出色和成功而让自己获得成就感。自我实现导向是赛事组织者不断推动组织发展的关键，他们对于卓越赛事组织角色的寻求，也很大程度上源自这一动机，越是自我实现动机强的组织者，越能推动组织发展。这些组织者中有很多人在其他行业中已经取得了一定的成功，他们希望在足球这一自己认为更有价值和意义的事业上取得成就，从而更好地实现自我。

第二节　民间足球竞赛组织发展的外在要素结构

一、民间足球竞赛组织发展的效率要素结构

组织与市场都是交易的一种形式，组织对市场的取代有助于减少交易费用。在组织内部,组织通过组织架构与相关制度解决自身内部的争端和分歧,组织与制度的作用在于通过压抑某种行为而激励另一种行为,对机会主义进行的合理规制,影响人们的选择,从而形成稳定良好的组织内部秩序,节约交易成本,这一贡献被看作组织与制度产生的效益(陈郁,2006)。而组织从松散化组织到正式化、制度化组织,除交易成本减少外,我们更多地应该考虑其组织收益。基于这一认识,本书构建了组织发展的效率逻辑:通过组织的制度化、正式化,首先提高赛事计划实现程度、赛事组织满意程度以及组织内部权力均衡程度,进而提升组织的吸引力;维持和吸引更多的参赛报名队伍,又会带来组织赛事水平的提升、赛事规模和赛事覆盖范围的扩大;这一系列因素使得组织的影响力和价值得到提升,从而提升了组织的资源掌控能力。

（一）赛事计划实现

赛事计划的实现与稳定是民间足球竞赛组织形成的最重要动因之一,也是提升参与者满意度的基础因素。赛事组织首先需要保证的是赛事能够按计划进行,避免出现迟到甚至"放鸽子"等情况,这是赛事运行的基本保障,所以在赛事规程中,一般都会明确指出如果球队迟到多少分钟,或者少于多少人到场,将会判定此场比赛结果为 0∶3。另外,基本所有赛事都要求参赛球队缴纳一定数量的保证金,如果球队中途退出赛事,将没收其缴纳的保证金,并禁止其在未来的几年里参赛。这些赛事规则能在一定程度上防止出现迟到、"放鸽子"、退赛等现象。在比赛场地方面,随着组织的发展,组织者与场地方的合作沟通方式也更加规范,加以制度与合同的硬约束,可减少场地更换或者赛事改期的现象。

（二）赛事满意度

组织发展的一个最基本的推动力就是赛事满意度,球员/球队对赛事的满意度主要取决于对于公平性的认可程度,对赛制、赛程安排的满意程度,对管理沟通过程的满意程度,对赛事安全、后勤保障的满意程度。对于公平性的诉求,促进了赛事规则进一步规范,各种可能出现的争议都需要提前在竞赛规程中予以明确,对于裁判的能力也提出了进一步要求。赛制、赛程也是影响球员满意度的一个重要因素,因为这些因素极大地影响到了球员们比赛与工作、生活时间的安排协调,以及比赛体验的优劣程度。办赛过程也涉及许多需要管理沟通的事项,例如赛事意见的征集、赛事的发布、赛程的更改、赛事争议的处理等,在这些重要事项中,沟通顺利与否也是十分重要的,沟通不畅往往会影响到赛事的顺利进行,有时候还会引起冲突,而管理和沟通能力的提升,则会化解矛盾,提高办赛效率和满意度。足球比赛具有竞争激烈性的特征,受伤等安全事故高发,为了减少潜在的安全风险,竞赛组织需要规范球员场上行为,并提供符合安全标准的比赛场地和装备,以避免因踢球和球场暴力等原因造成的人身伤亡事故。另外赛事的后勤服务质量也越来越受到球员们的重视,故对赛场的休息区、停车场等后勤服务工作都提出了较高的要求。

（三）内部权力均衡

办赛过程中同样也会涉及很多权力和利益协调问题:例如足球赛事中常见的球队准入制度问题,如果报名球队数量超过限制,如何分配参赛名额,民间足球竞赛尚未形成比较统一的规定。有的采取先报先得的方式;有的由组织者主观判断报名球队是否符合赛事要求,再进行自由决断;有的则采取预选赛的方式;而对于这些问题,大家可能存在不同的认识,如果没有明确而合理的规定往往会导致权力冲突。还有当参赛各队对于判罚结果存在争议的时候该如何处理,由于环境和条件的差异,这些争议大部分时候无法按照职业联赛的方式进行处理,赛事组织方都有自己的一套处理方式,而这些争议处理的方式是否有成文规定以及是否合理将直接影响到赛事的和谐程度。现在民间足球竞赛组织也呈现复杂化趋势,出现了具有多级联盟形式的竞赛组织,以及一些合作办赛组织,这些复杂组织将会涉及更多的投入和收益的分配问题,所以其权力、利益的均衡机制将会显得更加重要。

（四）赛事水平

球队竞技水平与竞争均衡决定着赛事的整体水平和影响力。当一项赛事具有了较高的吸引力之后,随着报名参赛队伍数量的增加、参赛队伍的筛选范围扩大,甚至可以通过预选赛淘汰一部分水平较低的球队,其参赛队伍的整体竞技水平将会得到一定程度的提升。另外,随着报名队伍的增多,通过淘汰低水平队伍或者进行分级比赛也可以提升整个赛事的竞争实力均衡程度。

（五）赛事规模

当赛事计划实现、赛事组织满意度与内部权力均衡等各方面均展示出较高水平之后，无疑将会提升整个赛事组织的吸引力与整体满意度，从而提升队伍的二次参赛率，以及吸引更多的新球队报名，赛事规模自然随之增大。有些赛事共有参赛队伍数百支，分为3～4个组别。首先一定数量的参赛队伍才能使得赛事顺利运行，例如联赛制一般需要有12～18支队伍，杯赛制赛事的队伍在16～32支之间比较理想。在经济效益方面，更多的参赛队伍意味着更多的受众、更大的赛事影响力，有助于赛事获得更多的企业赞助和政府扶持；在社会效益方面，更多的参赛队伍则意味着赛事将会对当地的公共体育服务和中国足球事业发展发挥更大的贡献作用。

（六）赛事范围（级别）

民间足球赛事不同于职业、专业足球赛事，并没有严格的级别划分，但实际上其赛事覆盖范围在一定程度上类似于职业、专业足球的级别，赛事覆盖范围越大，标志着足球赛事的影响力和认可度越高。随着赛事的不断发展，一些从街道、社区起步的赛事的覆盖范围逐渐扩大到全市，甚至全省、全国，社会关注度和影响力大大提升。

（七）资源掌控能力

赛事水平的提升和赛事规模、范围的扩大，可以提升组织资源掌控能力。赛事发展的资金来源主要有政府扶持、赞助商、媒体、投资者、管理者。在足球竞赛中，赛事的发展可以更多地获得政府扶持，例如免费或以低费用租用体育场馆资源，以及政府购买公共体育服务资金项目，或者获得政府官方赛事的名头等各种有形和无形的资源。同时由于赛事影响力的扩大，赞助商和媒体对于赛事的关注程度同样也会增加，可以提升赛事的市场化开发程度和媒体曝光度。赛事的发展还有利于吸引赛事管理者和投资者加入，从而进一步促进赛事的正式化、制度化发展。

二、民间足球竞赛组织发展的合法性要素结构

技术环境要求组织有效率，即按效率最大化原则组织生产。根据合法性理论，组织并非一个纯技术理性的体系，不但追求效率最大化，组织的发展还会受到合法性的推动和制约，合法性是"超越个人私利，为大家所承认

并接受的,是合乎情理和社会期待的"(周雪光,2003)。Scott(2001)提出了"制度(合法性)的三大基础要素",认为制度由规制性、规范性和认知性所共同构成。民间足球竞赛组织发展的合法性机制就是指"规制""规范"以及"认知"的力量如何影响其发展的进程和方向。

（一）规制性要素

规制是指通过法律和规章制度来约束和规范主体及其行为,一定的组织必须符合这些规制性要求,否则将被认为是违规的,从而面临惩罚或者以致失去生存与发展的空间(张腾,2010)。民间足球竞赛组织的发展同样也必须符合相关的法律、法规制度,对于民间足球竞赛组织,专门的法律法规并不多,与其相关的一些法律法规主要包括关于社会组织、企业注册、管理方面的法规,以及大型活动赛事的公共安全等相关法规。要获得规制合法性就要求这些赛事组织需要去民政或者工商部门注册,并按照相关要求建立和执行相关的财务制度等。举办赛事还需要依据相关法律法规保障赛事的安全,配备必要的医疗和安全保障人员与设备,如果超过一定的比赛人数,还需要按照法规到相关部门进行报备。

（二）规范性要素

规范合法性则来源于社会的普遍价值观与期待,反映的是社会公众对组织规则与行为的适当性判断(周雪光,2003)。例如组织的内部结构,当一个组织具有相对正式的结构和明确的部门分工后,会被看作更具有实力和可信赖感,那么它就拥有了规范合法性资源,有助于组织接近消费者、投资者、供应商等,从而为组织发展获得更多的资源与空间。而规范性的缺乏会使得大家对于组织的认可度下降,从而影响组织的利益。民间足球竞赛组织需要获得政府、足协、赞助商、媒体、球迷、专家的认同,只有获得这些相关主体的认同,组织才能获得政府更多的扶持资源、赞助资源、媒体报道,吸引更多的球队参赛,这些资源对于组织的发展至关重要,所以规范性要素也是推动着组织不断正式化、制度化发展的重要因素。

（三）认知性要素

认知合法性来源于惯例、文化图式和行动脚本,当一项行为和规则被人们认为"理所当然"时,它就具备了认知合法性(斯科特,1981)。民间足球竞赛组织的组织和制度安排的最终确立,仰赖于组织者和参与者对于竞赛组织的文化认知程度和方向,他们对于赛事的组织和制度设计的合理性和完善性认知,决定着其完善和改进竞赛组织与制度的动力。当其认为组织中存在着某些有待改进的内容时,一方面借鉴其他民间足球竞赛组织的先进经验;另外一方面还可以借鉴国内外优秀的职业足球联赛经验,甚至是其他行业的一切可供参考的样本,从而建立起更为适合自身的组织与制度结构,所以认知性要素也是推动民间足球竞赛组织发展的要素之一。

本章通过动机理论、理性系统理论、合法性理论等分析了民间足球竞赛组织发展的内外在构成要素,认为参与者动机、组织者动机、效率要素、合法性要素均对民间足球竞赛组织发展具有显著的正向影响,民间足球竞赛组织是在内、外要素共同作用下而不断发展的,在此基础上进一步分析了内、外要素的具体构成内容,参与者动机由社交、技能、乐趣、自我实现、社会认可、经济利益等要素构成,组织者动机由个人兴趣、奉献精神、使命感、经济利益、社会认可、自我实现等要素构成,效率要素由赛事计划实现、赛事组织满意、内部权力均衡、赛事水平、赛事规模、赛事范围(级别)、外部资源掌控等要素构成,合法性要素由规制合法性、规范合法性与认知合法性等要素构成。以上具体各要素亦对民间足球竞赛组织发展具有显著的正向影响作用。

第五章 民间足球竞赛组织 发展内、外要素作用关系分析

第一节 民间足球竞赛组织 各发展阶段的内在主导要素

由于此部分研究涉及较多的自变量，为了减少可能存在的自变量多重共线性的影响，本研究从多个备选的函数关系式中选择最具解释力的多元线性回归方程。通过 SPSS 20.0 软件工具，采用逐步多元回归法，以"组织发展"测量结果的综合分为因变量，然后以"参与者动机、组织者动机"各维度的测量数据为自变量，对各阶段民间足球竞赛组织发展的内在主导要素进行逐步多元回归分析。

一、组织发展第一阶段的内在主导要素

（一）参与者动机

选取处在第一阶段的 41 个民间足球竞赛组织的问卷数据进行分析，以"组织发展"得分为因变量，以社交、技能、兴趣、自我实现、社会认可、经济利益等参与者动机为自变量，进行逐步多元回归分析，结果见表 5.1。

表 5.1 民间足球竞赛组织发展第一阶段的参与者动机要素

	非标准化系数		标准回归系数	t	p	偏相关系数
	B	标准误差				
（常量）	12.773	1.922		8.572	0.000	
兴趣	0.683	0.171	0.541	3.916	0.000	0.541

表 5.1 显示,参与者的"兴趣"在民间足球竞赛组织的第一阶段发挥主要作用,成为推动组织发展的主要要素之一。

对于行为产生的动机,最古老的解释就是"享乐主义"的观点了,它认为快乐是生活的目的,人们根据自己的兴趣采取相应的行为,追求带给我们快乐的事物,而避开那些令我们痛苦的事物。学者们认为"所谓非正式体育群体,是指人们在共同的体育活动中自然形成的群体。它是在人们共同的爱好、利益、感情与友谊的基础上自发形成的"(吕树庭等,1995)。在民间足球竞赛的第一阶段初期,足球爱好者只要具备一定的兴趣就可以积极参与比赛,并且乐在其中。然而,随着球迷对于足球的热爱和兴趣程度的加深,以及更多的深度球迷的加入,这些球员已经不再满足于松散的、非正式化的竞赛组织形式,这些赛事已经无法充分激发他们的热情和兴趣,他们希望所参加赛事的比赛规则更为规范,赛事服务保障更为完善。

另外,随着民间足球竞赛的正式化、结构化,竞赛组织对于球员们的要求也越来越高。因为民间足球竞赛组织的正式化、结构化是伴随着竞赛场次的增加、赛程的密集、竞赛强度的增大,以及竞赛规制的严格等变化产生的,这些变化要求参与者在足球运动上付出更多的精力和时间,具备更大的兴趣,从而使得在民间足球竞赛的第一阶段后期,球员们对足球普遍抱有更高的热情和兴趣。在民间足球竞赛组织的第一阶段,参赛球员兴趣成为推动组织发展的最原始动力。

（二）组织者动机

选取处在第一阶段的 41 个民间足球竞赛组织的问卷数据进行分析,以"组织发展"得分为因变量,以个人兴趣、奉献精神、使命感、经济利益、社会认可、自我实现等组织者动机为自变量,进行逐步多元回归分析,结果见表 5.2。

表 5.2 民间足球竞赛组织发展第一阶段的组织者动机要素

	非标准化系数		标准回归系数	t	p	偏相关系数
	B	标准误差				
（常量）	13.383	2.240		5.976	0.000	
个人兴趣	0.484	0.169	0.377	2.860	0.007	0.425
奉献精神	0.384	0.129	0.401	2.971	0.005	0.439
经济利益	0.296	0.134	0.281	2.205	0.034	0.341

表 5.2 显示,组织者的"个人兴趣""经济利益"与"奉献精神"在民间足球竞赛组织第一阶段发挥主要作用,成为推动组织发展的主要要素。

与参与者动机类似,在民间足球竞赛组织的第一阶段,个人兴趣成为组织发展的最重要因素之一。调研结果显示,几乎所有民间足球竞赛组织者自身对足球均有较为浓厚的兴趣,他们从赛事组织中获得乐趣,将赛事当成自己与其他足球爱好者交流的一个平台。很多赛事组织者出于对足球运动的热爱,为了让自己的球队有一个更为经常性的、相对正式的比赛平台,而自发组织赛事。相对于以往约球形式的比赛,这些联赛、杯赛有以下优点:①时间、场地和对手能够较为固定,不用每次都花费大量的时间和精力来确定比赛时间、场地,以及寻找比赛对手。②比赛对手之间既有一定的熟悉度,队伍之间又会轮换比赛。而以往约球比赛的形式,要么经常性跟同一对手比赛,失去新鲜感;要么通过场地方邀约球队比赛,队伍之间彼此缺乏熟识和交流,既不利于社交,也容易导致赛场纠纷。新的比赛形式在很大程度上解决了约球比赛所存在的一些问题,大大地满足了组织者的个人兴趣需求。部分赛事组织者满足于现状,而另外一些对足球更为热衷的组织者,由于他们的兴趣程度更高,则会投入更多的精力在足球赛事组织工作上,他们有兴趣研究更为符合赛事现状的比赛规则、组织安排,并且希望有更多的人员参与到赛事组织中来,提高赛事组织的水平。个人兴趣的增强意味着赛事组织者愿意付出更多精力和时间以提升赛事的组织水平,满足自己的爱好,从而推动足球竞赛组织的发展。

除个人兴趣外,经济利益也是驱动个人行为的强大动力。有部分赛事组织者组织赛事主要是出于经济目的,例如场地出租者,他们希望通过组织赛事从而提高球场的利用率和知名度;还有一些专门的业余赛事经营者,则希望从报名费和赞助费中获取一些利润。通过前期的赛事组织,组织者获得了一定的经济收益,从而更加激发了其通过赛事进行盈利的动机。组织者开始增加赛事组织人员,安排专人负责竞赛安排、后勤保障、赛事宣传等工作,以及制订更受球员认可的竞赛规则和更为规范的赛事组织流程,以提升球员的满意度,吸引更多的球员参赛,获得更多的商业赞助,从而为赛事带来更多的经济收益,组织者的经济利益动机客观上推动了竞赛组织结构的完善。

并非所有的赛事组织者都具有明显的经济利益动机,推动他们的内在动力还有奉献精神。赛事的第一阶段是办赛最为艰难的时候,这一阶段可供利用的外部资源相对较少,有些组织者甚至是在亏钱办赛。另外,他们还需要心甘情愿地奉献自己的时间、精力去组织赛事。而处于初始阶段的赛事,也难以给他们带来社会声誉、社会资源等额外收益。所以在赛事的初始阶段,赛事组织者的这种奉献精神也是推动组织发展的一个非常重要的因素。

二、组织发展第二阶段的内在主导要素

(一)参与者动机

选取处在第二阶段的 41 个民间足球竞赛组织的问卷数据进行分析,以"组织发展"得分为因变量,以社交、技能、兴趣、自我实现、社会认可、经济利益等参与者动机为自变量,进行逐步多元回归分析,结果见表 5.3。

表 5.3　民间足球竞赛组织发展第二阶段的参与者动机要素

	非标准化系数		标准回归系数	t	p	偏相关系数
	B	标准误差				
(常量)	20.814	2.245		10.862	0.000	
自我实现	0.497	0.121	0.425	3.168	0.002	0.431
技能	0.691	0.195	0.317	2.817	0.006	0.427

表 5.3 显示,参与者的"自我实现"与"技能"动机在民间足球竞赛组织第二阶段发挥主要作用,成为推动组织发展的主要要素。第二阶段赛事参与者的平均年龄相对较为年轻,大部分在 18~35 岁这个区间,他们较年长的参与者有着更为强烈的"自我实现"与"技能"动机。

在马斯洛的需求层次理论中,"自我实现"是最高等级的需要,这种需要的满足就是通过完成与自己能力相匹配的任务,充分发挥自己的潜力,成为自己所期望的角色,从而达到自我价值实现的目的。体育行为本身就是自我价值实现的确认过程,自我实现的需求反映在民间足球赛事参与中,就是对竞争对手的超越以及自我展现的强烈欲望。在足球赛事参与过程中,球员们运用自己的智慧和身体,发挥自己的最大潜能,战胜对手,以优秀的场上表现展示自我,感受到自我能力的发展和提高,进而获得自我实现的快

乐。组织的不断发展带来赛事水平的提升,球员们只有与高水平以及竞争实力均衡的对手进行比赛,才能充分地感受到超越对手与超越自我的快感。

关于技能,处于民间足球竞赛第二阶段的球员在技能发展方面的动机也在显著提升。一般的球员在参与足球运动时,由于自身运动能力的限制,对自己的要求仅仅停留在"能够踢得差不多就可以了",对技术层面的提升以及比赛成绩方面的要求并不高,其主要是为了放松和乐趣。而较高水平的球员在参与足球活动时,有着较为强烈的提升足球技术、技能渴望,并且希望在比赛过程中体会掌握高难度动作之后的成就感。由于足球技能的提升动机更为明显,他们会投入更多的时间和精力到足球训练和比赛中去,如对裁判法、比赛规则的学习,更多地去参加各种业余比赛,积累自己的比赛经验,不断提升自己的竞技能力和运动水平。由于技能动机增强,他们也更关注比赛的竞技水平、判罚水平、场地标准化程度以及运作规范性等软硬件条件,球员的"技能"动机也成为民间足球竞赛组织第二阶段的主导要素之一。

(二)组织者动机

选取处在第二阶段的41个民间足球竞赛组织的问卷数据进行分析,以"组织发展"得分为因变量,以个人兴趣、奉献精神、使命感、经济利益、社会认可、自我实现等组织者动机为自变量,进行逐步多元回归分析,结果见表5.4。

表5.4 民间足球竞赛组织发展第二阶段的组织者动机要素

	非标准化系数		标准回归系数	t	p	偏相关系数
	B	标准误差				
(常量)	21.529	1.636		13.157	0.000	
使命感	0.648	0.131	0.563	4.942	0.000	0.625
社会认可	0.521	0.174	0.342	2.997	0.005	0.437

表5.4显示,组织者的"使命感"和"社会认可"在民间足球竞赛组织第二阶段发挥主要作用,成为推动组织发展的主要要素。

民间足球竞赛组织者创办赛事实质上是一种社会创业,而社会创业更多是由某种或多种社会使命和社会责任所驱动的,高度的社会使命感是其中部分组织者选择组织赛事的动力源泉之一。在赛事创办初期,组织者的初衷主要是给自己的球队和其他球队提供一个踢球、社交的平台而已;当赛事发展到一定的规模,取得了一定的成绩时,驱动赛事组织者的主要是一种精神上的需求;随着赛事的不断发展,赛事组织者需要思考赛事存在、发展的意义,为什么要将赛事做得更好、更大? 通过竞赛组织,众多球队找到了锻炼、竞技、交流的平台,球员们在这里享受欢乐,也共同成长,他们对赛事平台的归属感和认同感也日益加深,他们也希望这一平台能够继续不断发展,提供更好、更专业的赛事组织服务,来自球队和球员们的这种寄望就成为赛事组织者继续推动赛事发展的重要驱动力。而推动当地的公共体育服务和中国足球水平提升也是民间足球竞赛组织的重要使命,这些民间足球竞赛组织,吸引了成百上千的人参与到足球赛事中来,大大增加了当地的体育人口,推动了足球场地设施的建设,对当地的公共体育服务的发展起到了基础性作用,在中国足球水平提升方面,可以为职业足球发展奠定扎实的市场基础和后备人才基础,同时这种自发性的足球竞赛组织还可以为职业足球改革提供有价值的借鉴。当组织者意识到自己肩负的使命时,将会产生一种原动力,树立更远大的目标,引导赛事继续发展。所以组织者的这种使命感越强,组织发展的驱动力也就越强。

企业家对于被社会广泛认可的基本价值偏好也会在很大程度上影响其行为(柯武刚,史漫飞,2000),民间足球竞赛组织者可以被看作是一个社会企业家,他们同样希望不断从环境中获得认可和肯定。在民间足球竞赛的第二阶段,赛事的影响力逐步增大,为组织者的这种社会认可需要提供了条件。他们更努力地为自己的事业而奋斗,希望通过为当地的公共体育服务做出贡献,将赛事办出名气,从而获得亲朋好友的认可。

三、组织发展第三阶段的内在主导要素

(一)参与者动机

选取处在第三阶段的 34 个民间足球竞赛组织的问卷数据进行分析,以"组织发展"得分为因变量,以社交、技能、兴趣、自我实现、社会认可、经济利益等参与者动机为自变量,进行逐步多元回归分析,结果见表 5.5。

表 5.5　民间足球竞赛组织发展第三阶段的参与者动机要素

	非标准化系数		标准回归系数	t	p	偏相关系数
	B	标准误差				
（常量）	27.329	1.439		16.505	0.000	
社会认可	0.641	0.174	0.591	4.858	0.000	0.657
经济利益	0.622	0.236	0.341	2.467	0.007	0.447

　　表 5.5 显示，参与者的"社会认可"与"经济利益"动机在民间足球竞赛组织第三阶段发挥主要作用，成为推动组织发展的主要要素。调研数据显示，这一阶段大部分球员参与足球比赛的频次在每月 8 次以上，足球运动已经成为其生活、事业的一部分。数据还显示这一阶段球员们的年龄大部分在 18～35 岁，球员们正处于运动生涯的最佳时段。

　　在第三阶段，参与者的社会认可动机强度有显著提升，社会认可就是一个人被社会群体从心理上认可，以及这种认可所带来的自豪感和归属感，这种认可在一定的领域，会为球员带来相当高的心理满意程度，从而实现激励的心理效用最大化（涂薇等，2008）。足球运动因其独特魅力而广受关注，民间足球竞赛也吸引了不少媒体和社会大众的眼球，"粤超"就曾创造了单轮比赛在线观赛人次近 200 万的佳绩。球员们如果能在这些重要赛事中展现高超球技并赢得比赛，就可以在当地的足球圈内获得较高的知名度和广泛认可。

　　社会认可的实现是需要具备一定条件的，即球员们需要在影响力较大的赛事中有突出表现，获得较好的成绩，才有可能被大家所认知，获得亲朋好友以及当地社会的认可。较大影响力意味着赛事必须具备较高的竞赛水平，覆盖较广的区域，具有较高的知名度。为了满足参与者这种社会认可的需求，组织者必须不断提升赛事水平，加大赛事的宣传推广。

　　民间足球竞赛属于业余性质，但进入到第三阶段，很多赛事吸引了众多的退役职业球员和其他高水平业余球员参赛，部分球队会通过支付出场费或者奖金的形式雇佣球员加入球队，还有一些大型的企事业单位会招募部分高水平球员成为其单位员工，一边工作，一边在单位球队踢业余比赛，这一阶段参与者的经济利益动机也成为推动组织发展的主要要素之一。

（二）组织者动机

选取处在第三阶段的 34 个民间足球竞赛组织的问卷数据进行分析，以"组织发展"得分为因变量，以个人兴趣、奉献精神、使命感、经济利益、社会认可、自我实现等组织者动机为自变量，进行逐步多元回归分析，结果见表 5.6。

表 5.6　民间足球竞赛组织发展第三阶段的组织者动机要素

	非标准化系数		标准回归系数	t	p	偏相关系数
	B	标准误差				
（常量）	24.688	2.250		10.973	0.000	
自我实现	0.326	0.182	0.274	1.793	0.083	0.311
社会认可	0.595	0.194	0.383	3.065	0.005	0.488
使命感	0.374	0.156	0.344	2.396	0.023	0.401

表 5.6 显示，组织者的"自我实现""社会认可"与"使命感"在民间足球竞赛组织第三阶段发挥主要作用，成为推动组织发展的主要要素。

自我实现导向是赛事组织者不断推动组织发展的关键，赛事组织者作为一个社会企业家，在心理上有着一种强烈的追求个人成功、自我实现的愿望，他们期望达到内心的满足感和自我价值的实现相融合这样一个完美的境界，这种愿望的实现远比利润最大化目标更为重要（林左鸣，2005）。自我实现需要塑造了富有创业精神的组织者，导致他们对于卓越赛事组织角色的不断寻求。研究表明，整体而言，成功的企业家都是高成就需求的行动者（李春光，1994）。在赛事组织方面也是一样，越是自我实现动机强的组织者，越能推动组织发展。进入到第三阶段，组织者已不再仅仅满足于通过赛事达到进行球队交流的目的，更重要的是要以此来证明自我的价值。他们的乐趣就是最大程度发挥自己的潜力，他们有强烈的发展欲望，希望调动更多的资源，将自己的赛事打造成为一个优秀的品牌，并从中获得成就感。赛事规模和影响力日益扩大，就是在进一步实现和证明自我的社会价值，这是赛事组织者内生的价值选择。为了实现这一目标，赛事组织者必须不断地创新和创造，完善赛事组织结构、规范和优化组织流程，不断提升赛事的影响力与价值，这一过程也正是赛事组织结构化、赛事不断发展的过程。

在社会认可方面，在民间足球竞赛的第三阶段，赛事的影响力进一步增大，与政府以及社会各界的交往越来越多，越来越频繁。与处于第二阶段的组织相比，组织者除了希望获得亲朋好友的认可之外，也非常期待政府以及社会的认可，正是基于这种需求，推动着他们不断地提升赛事的正式化、规范化程度，扩展赛事的覆盖区域以及提升赛事的水平。

在使命感方面，赛事组织者作为一个社会创业者，为社会做出贡献，努力完成其使命，是一种永恒的动机。所以在第三阶段，赛事组织者的使命感依然是推动其继续发展的重要力量之一。

第二节　民间足球竞赛组织各发展阶段的外在主导要素

通过 SPSS20.0 软件工具，我们采用逐步多元回归法，以"组织发展"测量结果的综合分为因变量，然后以"效率要素、合法性要素"各维度的测量数据为自变量，对各阶段民间足球竞赛组织发展的外在主导要素进行逐步多元回归分析。

一、组织发展第一阶段的外在主导要素

（一）效率

选取处在第一阶段的 41 个民间足球竞赛组织的问卷数据进行分析，以"组织发展"得分为因变量，以赛事计划实现、赛事组织满意、内部权力均衡、赛事水平、赛事范围（级别）、赛事规模、外部资源掌控等效率要素为自变量，进行逐步多元回归分析，结果见表 5.7。

表 5.7　民间足球竞赛组织发展第一阶段的效率要素

	非标准化系数		标准回归系数	t	p	偏相关系数
	B	标准误差				
（常量）	15.867	1.039		15.276	0.000	
赛事计划实现	0.542	0.137	0.400	3.951	0.000	0.545
赛事规模	0.645	0.176	0.375	3.672	0.001	0.517
赛事组织满意	0.226	0.070	0.323	3.249	0.002	0.471

表 5.7 表明,赛事计划实现、赛事规模与赛事组织满意是推动第一阶段民间足球竞赛组织发展的主要效率要素。

赛事计划实现是指赛事对由于客观或人为原因造成的竞赛计划变动的规避,民间足球联赛与杯赛相对于约球比赛的形式,已经在很大程度上规避了竞赛计划的变动。以往约球比赛经常会出现"放鸽子"等机会主义行为,而且经常可能由于预订不到场地等原因导致比赛取消或者推迟,至于对手迟到、裁判迟到等现象就更为常见了。联赛和杯赛形式有相对固定的赛程和场地安排,已经在很大程度上解决了这一问题,但处于第一阶段的竞赛组织,由于其竞赛规程尚不够明确,规则的执行也不够严格,从而导致球队依然会出现迟到等情况,有时甚至还会出现缺赛等极端情况。在比赛场地方面,一方面由于第一阶段所使用的竞赛场地条件相对较差,更容易受天气状况的影响,从而引起场地更换或者赛事改期;另外,组织者与场地方的合作沟通方式也相对随意,缺乏制度与合同的硬约束,更容易出现场地安排计划的变动。而赛事计划的实现与稳定是民间足球竞赛组织形成的最重要动因之一,也是提升参与者满意度的基础因素,所以组织者在竞赛组织的第一阶段致力于提升赛事计划的实现程度,确保赛事能尽可能地按原计划执行,减少因赛事计划变动对参赛球员及组织者自身造成的损失和影响。

在赛事规模方面,部分赛事第一阶段仅有三四支队伍,队伍数量过少,一方面很难满足球员多踢比赛的愿望,另一方面也无法实现赛事组织者的经济目的。为了避免现有球队在中途或者赛季结束后退出赛事,保证球队的二次参赛率,同时也要吸引新球队加入赛事,从而增加球队数量,以满足联赛或者杯赛所必需的球队数量,赛事组织者会采取一些措施扩大赛事规模,这成为第一阶段赛事发展的主要推动力之一。

随着赛事计划实现程度的提升、赛事规模的扩展,赛事有了更为稳定的赛程安排、数量合适的比赛对手和比赛场次,赛事的这些改变自然也会提升参赛者对于赛事组织的满意度,同时这一阶段裁判的水平也有了一定改善,减少了赛场判罚纠纷,增加了球队对于赛事公平性的认可,这些因素也都有助于提升球员对于赛事组织的满意度。在这一阶段,赛事的沟通管理程序的规范性、及时性也有所提升,例如,部分赛事组织建立了微信公众号,并定期更新信息,便于球队和球员查阅浏览,内部沟通不畅或无效的现象减少了,提升了球员对球队的满意度。

（二）合法性

选取处在第一阶段的 41 个民间足球竞赛组织的问卷数据进行分析，以"组织发展"得分为因变量，以规范合法性、规制合法性、认知合法性等合法性要素为自变量，进行逐步多元回归分析，结果见表 5.8。

表 5.8　民间足球竞赛组织发展第一阶段的合法性要素

	非标准化系数		标准回归系数	t	p	偏相关系数
	B	标准误差				
（常量）	7.503	2.490		3.013	0.005	
规范合法性	0.653	0.162	0.507	4.030	0.000	0.552
规制合法性	0.864	0.267	0.344	3.230	0.003	0.469
认知合法性	0.295	0.123	0.301	2.394	0.022	0.366

表 5.8 显示，规范合法性、规制合法性与认知合法性在民间足球竞赛组织第一阶段均发挥重要作用，成为推动组织发展的主要合法性要素。

规范合法性来源于社会的普遍价值观与期待，反映的是社会公众对组织规则与行为的适当性判断。在第一阶段，组织首先需要通过规范合法性吸引参赛球队，得到赛事开展必要基础资源，民间足球竞赛组织作为社会化的组织，有与其环境趋同的趋势，需要效仿环境要素，制度环境会促使组织改变正式结构，当组织为了保持与环境的一致性而改变自身正式结构之后，它的行为便具有了合法性的依据。当一个组织具有相对正式的结构和明确的部门分工后，会被看作更具有实力和可信赖感，那么它就拥有了规范合法性资源，有助于组织接近消费者、投资者、供应商等，为组织发展获取更多的资源与空间。因此，民间足球竞赛组织在结构上显示了正式化的趋势，如厦门业余足球联盟主要的组织者仅 1 人，其余均为临时人员，其分工也不明确，但名义上成立了办公室、裁判委员会、竞赛委员会等部门，希望展现一种规范运作的形象。然而这一正式结构只是反映了官方赞同和认可的结构，以及从事交易行为的方式，在组织的实际运作过程中，依然会存在一种非正式结构，组织的实际运作方式与工作惯例依然会按照这种非正式结构进行。在赛事的名称上，很多赛事实质上并非联盟性质，却命名为"××足球联盟"，还有些赛事参赛队伍仅为 10 支左右，赛事水平也不高，却以"××超级联赛"进行命名,以彰显其专业性,试图获得社会的认可。

规制合法性对于第一阶段的赛事组织来说至关重要,如果缺乏规制合法性,企业就很难通过合法的途径去接近和寻求所需的其他资源。如果一个民间足球赛事组织没有在工商或者民政部门注册,就无法得到政府的认可,很难获得政府的相关扶持资金及其他资源,在吸引赞助商的时候也会遇到同样的问题,所以提高规制合法性成为组织发展面临的头等大事。营利性民间足球竞赛组织应该去工商部门注册,而非营利性的民间足球竞赛组织则需要在民政部门进行注册,由于在民政部门注册门槛较高,许多非营利性的民间竞赛组织在创立很长时间后依然没有注册成功,还有部分组织无奈之下,转而选择在工商部门注册。

认知合法性来源于惯例、文化图式和行动脚本,当一项行为和规则被人们认为"理所当然"时,它就具备了认知合法性。在认知合法性上面,大部分组织在刚建立时,由于条件所限,在裁判、赛程安排等方面都显得非常业余。而组织者内心也并不认可这种非专业的操作,他们认为专业的裁判、合理的赛程等才是"理所当然"的,所以他们会参照职业比赛和民间足球标杆赛事的做法和惯例对组织规则和组织结构进行改进。例如,很多赛事刚开始并没有聘请专业的裁判,而是由各队派出一名裁判参与执裁,然而组织者们很快摈弃了这种做法,当赛事进行到第二、三届的时候基本配备了持证的独立裁判,从而大大减少了判罚错误及由此引起的赛场纠纷。在赛程上,起初很多赛事也是安排得非常不合理,赛程过密或者将绝大部分比赛安排在上午、中午等情况非常普遍,后来赛事组织者与参赛队伍都认识到必须尽快调整赛程,以便于球员们发挥出应有的竞技水平,提升赛事质量,随着这种认识的加强以及竞赛条件的改善,组织者们不断优化赛程安排。

二、组织发展第二阶段的外在主导要素

(一)效率

选取处在第二阶段的 41 个民间足球竞赛组织的问卷数据进行分析,以"组织发展"得分为因变量,以赛事计划实现、赛事组织满意、内部权力均衡、赛事规模、赛事水平、赛事范围(级别)、外部资源掌控等效率要素为自变量,进行逐步多元回归分析,结果见表 5.9。

表 5.9 民间足球竞赛组织发展第二阶段的效率要素

	非标准化系数		标准回归系数	t	p	偏相关系数
	B	标准误差				
（常量）	22.857	2.715		8.420	0.000	
外部资源掌控	0.856	0.249	0.482	3.440	0.001	0.482

表 5.9 表明，外部资源掌控成为促进第二阶段民间足球竞赛组织发展的主要效率要素。

进入到第二阶段，民间足球竞赛的赛事水平和影响力有所上升，其外部资源掌控能力也随之提升，主要体现在赞助以及对于管理人才的吸引力。几乎所有的赛事都获得了一定的商业赞助，并且赞助金额较第一阶段也有较大增长。作者在实地走访过程中发现，虽然这一阶段民间足球竞赛组织的发展水平相对较低，影响力较小，但依然有不少球队获得了一定的赞助资源。不过这些赞助的获取基本上是依赖赛事组织者的私人关系，赞助者并没有期望通过赞助赛事获得相应的市场回报。虽然这些赞助普遍数值较小，且基本为实物赞助，但对于急需资源的民间足球竞赛组织来说，依然起到了较大的作用。同时，随着赛事的发展，对于管理人才的需求和吸引力都在提升，管理人才的加入又进一步推动了赛事组织的发展。

（二）合法性

选取处在第二阶段的 41 个民间足球竞赛组织的问卷数据进行分析，以"组织发展"得分为因变量，以规范合法性、认知合法性、规制合法性等合法性要素为自变量，进行逐步多元回归分析，结果见表 5.10。

表 5.10 民间足球竞赛组织发展第二阶段的合法性要素

	非标准化系数		标准回归系数	t	p	偏相关系数
	B	标准误差				
（常量）	11.453	2.927		3.913	0.000	
规范合法性	0.627	0.133	0.531	4.715	0.000	0.613
认知合法性	0.450	0.155	0.320	2.902	0.006	0.431
规制合法性	0.575	0.219	0.286	2.621	0.013	0.396

表 5.10 表明，进入到第二阶段，规制合法性、规范合法性、认知合法性

三者依然是促进民间足球竞赛组织发展的主要合法性要素。

在规范合法性方面,这一阶段的赛事组织更为注重其行为和规则是否符合政府和足协、媒体、赞助商的利益相关者的期待。民间足球竞赛组织需要获得政府、足协、媒体、赞助商、球迷、专家的认同,只有获得这些相关主体的认同,组织才能获得更多的政府扶持资源、赞助资源、媒体报道,吸引更多的球队参赛。这些资源对于组织的发展至关重要,所以规范性要素也是推动组织不断正式化、制度化发展的重要因素。当一个组织与权威机构或权威人士之间建立了某种联系,组织的利益相关者自然而然地会提高对组织的认可度。例如,民间足球竞赛组织会邀请当地的足坛知名人士担任赛事的顾问或秘书长之类的荣誉职位,为了使得赛事显得更为正式,大部分赛事都举办了开闭幕式,有的还会邀请一些业内知名人士或者体育局、足协官员到场。组织的规章制度完善性也体现了规范合法性的水平,在与利益相关者进行合作沟通的时候,越是制度完善的组织越被认为是值得信赖的,所以在第二阶段,民间足球竞赛组织也不断完善其基本规章制度,这些制度包括组织章程、财务制度、人事制度等。

这些规章制度的完善同时也是组织者认知合法性推动的结果,随着组织结构和组织业务的日趋复杂,组织成员来源开始多样化,成员间潜在的价值观冲突、机会主义行为将会日益严重。组织者们认识到,必须要依靠制度进行管理,提升组织的运作规范程度,防止可能出现的各种问题。在球队和球员管理方面,认知合法性的加深则主要体现在竞赛规程更为细化和严格,如要求参赛队员必须在赛事组织进行注册,必须佩戴护腿板,必须穿印有队员号码的球衣等,组织者们日益认识到竞赛规程对于赛事顺利进行和提升赛事规范程度的重要性。

规制合法性方面,体现在更多的赛事在相关部门进行了注册或备案。另外,更多的赛事会按照标准执行配备赛事安保、医护等基本保障措施,具备了基本的规制合法性。

三、组织发展第三阶段的外在主导要素

(一)效率

选取处在第三阶段的 34 个民间足球竞赛组织的问卷数据进行分析,以

"组织发展"得分为因变量,以赛事计划实现、赛事组织满意、内部权力均衡、赛事规模、赛事水平、赛事范围(级别)、外部资源掌控等效率要素为自变量,进行逐步多元回归分析,结果见表5.11。

表 5.11　民间足球竞赛组织发展第三阶段的效率要素

	非标准化系数		标准回归系数	t	p	偏相关系数
	B	标准误差				
(常量)	23.867	1.228		19.432	0.000	
外部资源掌控	0.340	0.073	0.464	4.680	0.000	0.650
赛事水平	0.534	0.130	0.370	4.095	0.000	0.599
赛事级别(范围)	1.177	0.312	0.283	3.776	0.001	0.568

表 5.11 表明,外部资源掌控、赛事水平与赛事级别(范围)成为促进第三阶段民间足球竞赛组织发展的主要效率要素。

第三阶段的民间足球竞赛组织已经具备一定的影响力,并正处于快速发展期,需要尽可能获取资源以达到组织发展的目的。首先,由于赛事的水平和影响力的提升,该阶段的赛事组织可以获得相对较多的商业赞助。同时,赛事范围的扩大、赛事服务能力的提升,使得这些组织成为政府购买公共体育服务的主要备选对象,从而获得政府各种有形或无形的扶持。当组织不断扩展时,其对于发展资金与管理人才的需求也逐渐增强,而组织的发展、影响力的增大,又为组织吸引新的投资者以及管理人员提供了必要条件。在媒体资源掌控方面,赛事组织的发展吸引了不少媒体的关注,而媒体宣传报道反过来又进一步扩大了赛事的影响力。

关于赛事水平,在赛事组织第三阶段,随着赛事覆盖区域的增加,赛事影响力和组织吸引力的增强,参赛报名球队数量大幅增加,赛事可以通过各种方式排除一部分低水平的球队,还可以通过赛事分级的方式,提高赛事的竞争实力均衡程度。同时,由于赛事影响力的扩大和赛事服务水平的提升,很多处于第三阶段的赛事吸引了部分现役和退役的职业球员参赛,这些高水平球员的加入大大提升了赛事水平。

在第三阶段,赛事的级别(覆盖范围)也是其发展的重要推动力之一,赛事的级别(覆盖范围)在很大程度上决定了赛事的潜在参赛球队数量、赛事水平以及赛事的影响力与外部资源的来源范围,所以当赛事进入到第三阶段,大部分赛事不断努力扩大其覆盖范围,绝大部分赛事都覆盖了整个市级范围,甚至出现了很多跨省市的竞赛组织,并已经开始向全国范围布局,而赛事范围的扩大对组织结构化又提出了进一步要求。

（二）合法性

选取处在第三阶段的34个民间足球竞赛组织的问卷数据进行分析,以"组织发展"得分为因变量,以规制合法性、规范合法性、认知合法性等合法性要素为自变量,进行逐步多元回归分析,结果见表5.12。

表5.12　民间足球竞赛组织发展第三阶段的合法性要素

	非标准化系数		标准回归系数	t	p	偏相关系数
	B	标准误差				
（常量）	20.454	2.408		8.493	0.000	
认知合法性	0.618	0.145	0.507	4.263	0.000	0.608
规范合法性	0.473	0.129	0.438	3.680	0.001	0.551

表5.12表明,认知合法性、规范合法性成为促进第三阶段民间足球竞赛组织发展的主要合法性要素。

组织进入到第三阶段,其对于规范合法性的需求更为强烈,组织需要更加经常地与赞助商、政府、媒体以及其他利益相关主体进行交流合作,沟通频率增加,内容也呈现多样化趋势,特别是与同行之间的沟通与合作明显增加,既包括平时的非业务合作性沟通、交流,也包括了联合办赛等业务合作交流。沟通合作的加深对组织的制度和行为规范提出了新的要求。在制度同形方面,这一阶段的赛事组织更为注重其规则的通用性,以七人制赛制为例,这一赛制的变形还有八人制、九人制等,在同一地区,不同的竞赛组织的赛制可能会存在一定差异,而当竞赛组织发展到了第三阶段,竞赛组织会更倾向选择在当地比较主流的赛制,以彰显其规范性,同时也便于与其他赛事组织进行交流合作。除此之外,其余的竞赛规程也在不断地完善之中,广东社会足球联盟就专门召开了广东草根足球发展论坛,邀请了下级赛事的组织者、球员、裁判以及其他业余足球专业人士,共同探讨草根足球赛事的相关比赛规则,包括比赛时长、比赛用球、装备标准、场地尺寸和规格报名人数及换人名额等。

在组织同形方面,组织机构的发展与分权化同时受到规范合法性和认知合法性的推动。组织机构的完善,一方面是为了在与利益相关者进行沟通时,体现其规范性以便于获得其他组织的认可;另一方面,则是组织者基于内心认知的自觉选择。组织者们充分认识到组织机构完善和分权化是有益于组织成长的,第三阶段的竞赛组织通过完善组织架构保证了组织的效率,组织通过专业化分工、分层授权,能明确职责、消除冲突,保障了赛事执行的有序性。组织在发展过程中,强调平等的团队文化,分权化更加明显,激发了员工和球队的主动性和创造性,使他们能最大限度地发挥自己的管理才能和专业知识,提高了办赛绩效。

第三节　内、外要素与民间足球竞赛组织发展的动态关系

为了更为清晰地展现民间足球竞赛组织发展的主导要素变化趋势,在对各发展阶段的主导要素进行逐步回归分析的基础上,本研究利用其偏相关系数对各阶段之主导要素的动态结构做进一步分析。

一、参与者动机与组织发展的动态关系

参与者动机主导要素动态变化如图 5.1 所示。参与者"兴趣"动机在民间足球竞赛组织的第一阶段作用显著,学者们认为"所谓非正式体育群体,是指人们在共同的体育活动中自然形成的群体。它是在人们共同的爱好、利益、感情与友谊的基础上自发形成的"(吕树庭,1995)。共同的兴趣爱好是民间足球竞赛组织形成的初始动力,所以在民间足球竞赛组织的第一阶段,兴趣动机即是最重要的发展推动要素。

技能动机在第二阶段发挥了显著作用,技能动机是指球员们通过足球比赛保持、提高足球技能和获得新技能的动机。在这一阶段,球员们除了需要通过足球比赛达到社交、娱乐的目的外,越来越注重自身足球技能的发展,因为这一阶段球员们的足球竞技水平有所上升,而对比第三阶段,其竞技水平又有较大的上升空间。另外,进入第二阶段,足球竞赛规程也更为科

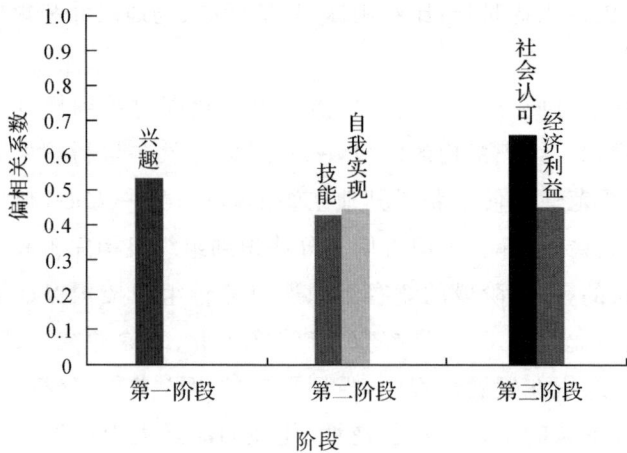

图 5.1　参与者动机主导要素动态变化示意

学合理,裁判更为专业,球队的竞技水平更为均衡,这些都为球员们技能的提升提供了必要条件。

自我实现动机在第二阶段发挥了显著作用,社会认可动机在第三阶段开始发挥显著作用,自我实现需要在马斯洛需求层次理论中属于最顶层需求,而在民间足球竞赛中却先于社会认可动机发挥显著作用,其主要原因是指球员们通过在比赛中的优异表现获得自我超越、战胜对手的心理体验,这一体验需要球员在相对正式的比赛中具备较高的竞技水平,运动表现达到超越自己的预期即可获得;而社会认可是指球员们得到当地足球圈内人士、亲朋好友的认可,这一需求的实现,需要竞赛组织的影响力更大以及球员们的表现更为突出,所以在民间足球竞赛组织中,参与者的自我实现动机先于社会认可动机成为发展的主导要素。

关于经济利益动机,民间足球竞赛属于业余性质,绝大部分球员都是业余足球爱好者,在第一、二阶段,绝大部分球员竞技水平相对较低,无法通过踢球获得经济收益。但随着赛事进入第三阶段,部分退役职业球员和其他高水平球员参赛,他们可以通过参与比赛获得相对优厚的报酬,这时候参与者的经济利益对于组织发展的作用才逐渐显现出来。

需要指出的是,社交动机在三个阶段均表现不显著,我们根据调研发现参与者的社交动机与组织的发展水平没有明显的相关关系,因为组织的结构化、制度化并不会为球员们的社交创造更好的条件。另外,球员们的竞技水平随着组织发展而提升，但不同竞技水平的球员对社交的需求并无显著差异。基于以上两点，社交动机并未成为推动民间足球竞赛组织发展的主导要素。

二、组织者动机与组织发展的动态关系

组织者动机主导要素动态变化如图 5.2 所示。组织者"个人兴趣""经济利益"和"奉献精神"动机在民间足球竞赛组织第一阶段发挥显著作用。

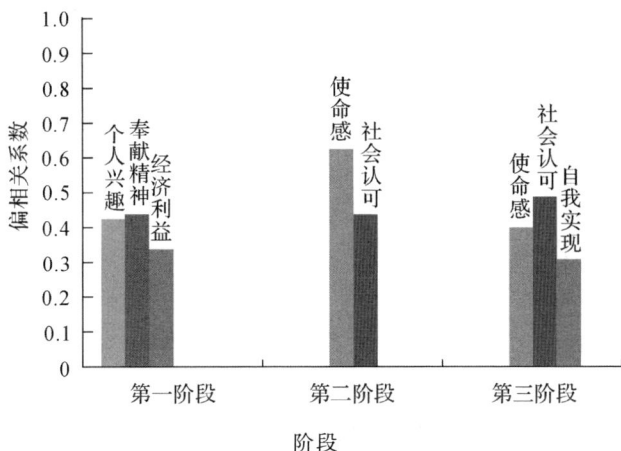

图 5.2　组织者动机主导要素动态变化示意

"个人兴趣"和"经济利益"虽然是完全两种不同的类型，但却又都是组织发展的两种最原始动机。组织者的个人兴趣动机与参与者动机同样都在民间足球竞赛组织的第一阶段成为推动组织发展的主导要素，如果组织者并不以营利为主要目的，那么在组织的发展初期，赛事水平并不高，组织的影响力也不够大，竞赛组织仅仅是作为一个娱乐、交流的平台，所以非营利性的民间足球竞赛组织第一阶段的主要推动力就是组织者的"个人兴趣"。除了部分以自身兴趣爱好为主要出发点的民间足球竞赛组织者以外，也有一些组织者相对比较注重经济利益。例如，很多足球场的经营者希望提高场地的利用率和知名度，从而带来更多的收入，还有一些报社和专门的赛事经营者也因经济利益而加入到赛事组织中来。在第一阶段，为了达到提高经济收益的目的，组织者会有意识地推动组织的正规化运作，不断完善竞赛规则与流程。当组织进入到第二、第三阶段，竞赛规则与流程相对完善时，

组织的进一步发展,不管是组织的复杂化还是组织程序的标准化,都需要增加相对大量的人员和运作经费,这时候大部分的组织其经济收益的增长速度都跟不上成本的上涨速度,故在后两个阶段,经济收益动机并未呈现显著作用。

在第一阶段,赛事的影响力较小,可供利用的外部资源相对较少,除部分营利性竞赛组织外,大部分组织无法获取任何物质性的回报。所以在竞赛组织的发展初期,组织者的奉献精神就显得尤为重要。

使命感动机在第二、第三阶段发挥显著作用,进入到第二阶段,民间足球竞赛组织所服务的人群越来越多,其影响力越来越大,与组织成员、球队的关系也越来越密切,所以组织者更加意识到组织发展对组织成员、球队的重要性,认识到其肩负的使命。当组织进入到第三阶段,其使命感继续增强,组织者深刻意识到组织对于当地公共体育服务的改善、对中国足球水平提升的影响,从而不断推动组织发展。

社会认可动机在第二、第三阶段发挥显著作用,企业家对于被社会广泛认可的基本价值偏好也会在很大程度上影响其行为(柯武刚、史漫飞,2000),民间足球竞赛组织者可以被看作是社会企业家,他们同样希望不断从环境中获得认可和肯定。在民间足球竞赛的第二、第三阶段,赛事的影响力逐步增大,其社会认可动机也表现得越来越明显。在第二阶段,组织者主要是希望获得亲朋好友等周边人的认可,而进入到第三阶段,组织者除了希望获得亲朋好友的认可之外,也非常期待政府以及社会的认可。

而自我实现动机则在第三阶段开始发挥显著作用,自我实现需要在马斯洛需要层次理论中属于最顶层需要,正好与组织发展阶段推动力的现实状况相契合。在这一阶段,组织已经具备较大的影响力,组织者完全可以通过竞赛组织这个平台更好地发挥自身的潜力与价值,获得更高的成就感。一个有着远大目标的组织者,一定会注意到社会环境与足球环境的变化,并给予建设性的回应,将个人价值的实现与组织的发展联系起来。这时候驱动他们前进的动力不只是兴趣或者经济收益,他们更为关注社会价值和自我价值的实现。他们开始将自身的个人价值观与社会价值观有机结合,组织的发展动力从机会驱动转向能力驱动,从利益驱动转向价值驱动。

三、效率要素与组织发展的动态关系

效率主导要素动态变化如图 5.3 所示。赛事计划实现、赛事组织满意和赛事规模在民间足球竞赛组织的第一阶段呈现主导作用。

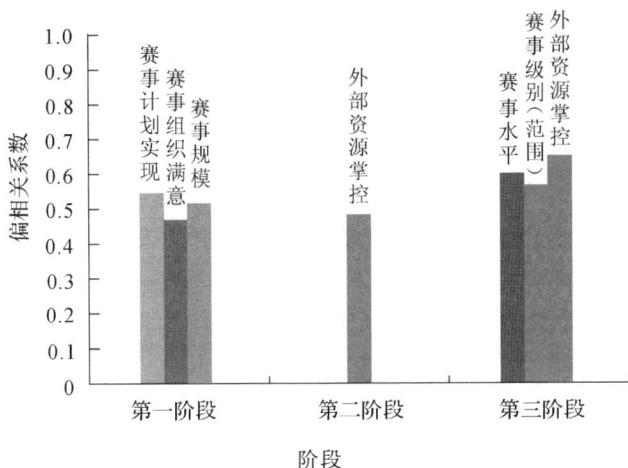

图 5.3　效率主导要素动态变化示意

赛事计划实现在第一阶段即显示出显著的推动作用,但在后两个阶段,赛事计划实现的作用不显著。其主要原因是,在赛事的第一阶段基本就解决了赛事计划实现的问题,在这一阶段建立起了基本的竞赛规程,对于迟到和弃赛的队伍有较为严厉的处罚,这类情况很少出现,基本可以保证赛事按照赛程计划进行。

在赛事规模方面,很多赛事第一阶段仅有为数不多的几支队伍参赛,所以提升赛事吸引力,增加参赛球队数量,也就成为组织发展的重要任务。而当赛事进入到第二、第三阶段,其参赛队伍的数量已经能够充分满足杯赛、联赛的队伍数量要求,所以在后两个阶段赛事规模对组织发展的推动作用并不显著。

赛事组织满意度的提升,主要由于赛事计划实现程度的提升以及赛事规模的扩展。而进入到第二、第三阶段,办赛水平有进一步的提升,组织人员和办赛资源开始慢慢充裕,赛事组织方能够为参赛队伍提供更为优质的服务,然而这两个阶段,高水平业余球员较多,他们对于办赛服务、办赛水平的理想标准相对较高,所以在后面两个阶段赛事组织满意程度并没有呈现

显著变化。

赛事级别（范围）在民间足球竞赛组织的第三阶段呈现较高水平。赛事级别（范围）的扩展一方面是由于参赛队伍数量的要求使得赛事必须不断扩大其覆盖范围，以吸纳更多的球队；另外一方面，赛事范围的扩展意味着赛事影响力的增大，即为赛事的外部资源掌控提供了条件。

赛事水平在民间足球竞赛组织的第三阶段呈现主导作用。在这一阶段，一方面，随着球队数量的增加，赛事组织可以通过分级的方式提高赛事的竞争实力，通过筛选的方式淘汰低水平球队；另一方面，第三阶段的参赛球队能够获得较多的赞助资源，球队可以通过支付报酬的方式吸引大量的高水平业余球员参赛，从而提升赛事的整体水平。

外部资源掌控则在民间足球竞赛组织发展的第二、第三阶段均呈现主导作用。这意味着民间足球竞赛组织的第二、第三阶段均严重依赖外部资源，并且数据显示，外部资源掌控的偏相关系数在第三阶段更高，证明其对组织发展的推动作用更为重要。根据资源依赖理论，"权力格局"中的有利地位意味着组织的成功，即组织能够很好地管控外部的资源。而随着民间足球竞赛组织的不断发展，其影响力也不断增大，使得其在与资源拥有者的沟通中占据更加有利的地位，从而逐渐增强了对外部资源掌控能力。所以在第三阶段，民间足球竞赛组织外部资源掌控能力的推动作用更为明显。

另外，需要指出的是内部权力均衡的作用在三个阶段的表现均不显著。根据管理学基本原理，随着组织的不断正式化、制度化，其运作将更为规范，从而减少组织内部的各种利益和权力冲突。然而，本书的数据统计分析却表明，组织的内部权力均衡程度并没有随着组织的发展而发生显著变化。根据我们实地调研访谈，作者认为主要可以从以下两方面解释这一现象。首先，随着组织的不断发展，组织人员逐步增多，组织变得越来越复杂；其次，组织发展到后期，随着赞助的增多以及组织影响力的增大，组织拥有更多的资源和权力，而这些变化都有可能成为组织成员间以及组织与球队间权利冲突的来源。权力均衡制度的完善与组织间权力冲突来源的增多，这两方面的作用相互抵消，从而导致组织内部权利均衡程度在组织发展过程中并没有呈现出显著作用。

四、合法性要素与组织发展的动态关系

合法性主导要素动态变化如图 5.4 所示，规范合法性与认知合法性要素在民间足球竞赛组织发展的三个阶段均呈现主导作用。这意味着植根于基层的民间足球竞赛组织，在不同发展阶段均严重依赖于组织者自身的主动认知以及外部环境的规范作用。

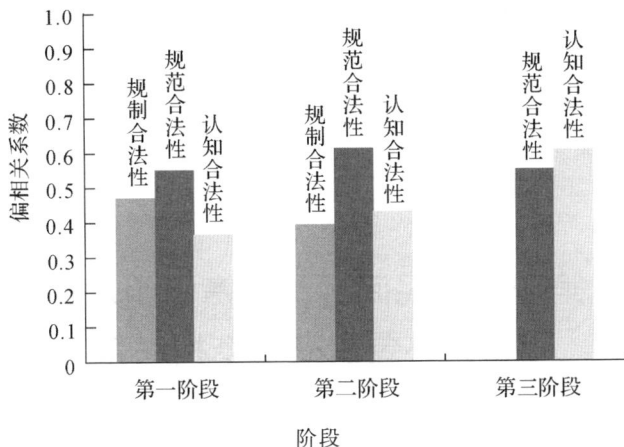

图 5.4　合法性主导要素动态变化示意

关于规范合法性，民间足球竞赛组织自形成伊始就对规范合法性有着强烈的需求，参赛球队是竞赛组织生存和发展的根本，组织与球队的关系并不是完全的组织内部关系，他们也存在着一种组织间关系，竞赛组织在其第一阶段就必须尽量迎合社会期望，从而赢得球队和社会大众的信赖和认可。而在第二、第三阶段，竞赛组织除了需要赢得球队和社会公众的信赖外，还需要赢得赞助商、媒体、投资者、同行的信赖，以获得更多的外部资源。规范合法性推动了组织的同形，在第一阶段，组织的同形更多的是体现在组织正式结构上，其实际运作结构很少发生相应的变化；而当组织进入到第二、第三阶段，组织的正式结构与实际运作结构逐步实现了一致，组织的制度和结构得到不断地完善与改进。

关于认知合法性，在民间足球竞赛中，虽然还没有形成比较完整的标准和规范体系，但是在专业足球和职业足球领域，却有着非常清晰和完整的标准和规范，这些标准已经成为一种惯例和信念，在民间足球竞赛组织刚建立

时,组织者就明白这些标准的意义与权威,然而资源有限,完全按照惯例和标准执行并不符合效率原则。在组织发展的三个阶段中,随着组织所拥有资源的逐渐丰富,以及组织者对于认知合法性需求的加强,组织者不断地推动组织结构与制度的完善。

规制合法性则仅在民间足球竞赛组织第一、第二阶段显现出显著作用,规制合法性对于赛事组织来说非常重要,规制合法性的缺失将导致组织的生存和发展处处受限,故而绝大部分竞赛组织在前两个阶段即在民政部门或工商部门进行注册登记,并按照相关法律、法规举办比赛,具备了较高的规制合法性。所以,在第三阶段,规制合法性对于组织发展的推动作用并不显著。这也验证了学者们的观点:在三种合法性中,组织最先受到规制合法性的影响。

第四节　民间足球竞赛组织发展的内、外要素交互结构关系

主效应往往是学者们主要关注的问题,然而,现实世界中,交互作用却是普遍存在的,当被试处理情境之间或单元之间的平均数差异显著不同于变量的全部主效应时,变量之间的交互作用就发生了,如果不检验变量间的交互作用将无法准确地反映变量间的真实关系(詹姆斯·杰卡德 等,2016)。近年来,交互作用开始较为广泛地应用于社会学、管理学领域,本书除了检验内、外要素影响民间足球竞赛组织发展的主效应外,还将检验内、外要素交互作用与组织发展之间的关系。由于本书在变量测量上采用多个维度进行测度的方式,因此在分析过程中取题项分值的总和作为变量的值。

一、内、外要素主效应分析

在进行回归模型检验前,需要对多重共线性、序列相关和异方差三大问题进行检验,只有不存在上述三大问题的情况下,回归模型的结果才具有可靠性与稳定性(赵卫亚,2008)。本书采用SPSS20.0软件检验,结果如下。

(一)多重共线性检验

检验不同解释变量间是否存在严重的线性关系,常用方差膨胀因子

(VIF)来判断。若 $0 < VIF < 10$，则认为不存在多重共线性问题；$VIF \geqslant 10$ 表明多重共线性问题较为严重。经过检验，本书涉及的各个回归模型的 VIF 小于 10，因而判断不存在严重共线性问题。

（二）异方差检验

异方差问题是指随着解释变量的变化，被解释变量的方差呈现出明显的变化趋势（马庆国，2002），通常用残差项散点图（以标准化预测值为 X 轴，以标准化残差为 Y 轴）来判断。若残差项散点图呈现无序状态，则表示不存在异方差问题（白雪梅，2002）。本书检验了各模型的残差散点图，均呈无序状态，因此判断不存在异方差问题。

（三）序列相关检验

序列相关指不同期的样本值之间存在相关系数，可用 DW（Durbin. Waston）值来判断（马庆国，2002）。由于本书使用的是问卷取得的截面数据，理论上不存在序列相关的问题，因此判断本书各个模型中不存在序列相关问题。内、外要素影响组织发展的回归分析结果见表 5.13，模型调整的 R^2 为 0.981，这表明内、外要素对组织发展有重要的影响，具体表现为：效率对组织发展有着显著正向影响（$\beta = 0.258, p < 0.001$）；合法性对组织发展有着显著正向影响（$\beta = 0.293, p < 0.001$），组织者动机对组织发展有着显著正向影响（$\beta = 0.229, p < 0.001$），参与者动机对组织发展有着显著正向影响（$\beta = 0.269, p < 0.001$）。

表 5.13 内、外要素影响组织发展的回归分析

	非标准化系数		标准系数	t	Sig.	共线性统计量	
	B	标准误差	β			容差	VIF
（常量）	−8.135	0.647		−12.577	0.000		
效率	0.127	0.020	0.258	6.428	0.000	0.127	7.862
合法性	0.274	0.035	0.293	7.814	0.000	0.116	8.605
组织者动机	0.158	0.019	0.229	8.436	0.000	0.223	4.488
参与者动机	0.225	0.022	0.269	10.234	0.000	0.237	4.211

因变量：组织发展

二、内、外要素交互作用与民间足球竞赛组织发展

目前研究潜变量交互作用的主要方法有回归分析法和结构方程模型法,结构方程模型法对于样本数量要求较高,一般要求样本数量为变量数量的 20 倍以上(曲波等,2005),本研究的样本量尚不足以支持结构方程模型法,故采用 SPSS20.0 软件,运用层次回归分析方法对内、外要素交互作用进行分析,按照变量间的因果关系设定进入回归模型的顺序来直观地了解新进入的解释变量对被解释变量的贡献程度。在生成交互项时,由于自变量往往与它们的乘积项高度相关,因此,先对自变量进行中心化处理,以消除多重共线性带来的影响(温忠麟、吴艳,2010)。在分析过程中,根据 R^2 变化的显著性程度(F 值)来分析交互效应模型的显著程度。

表 5.14 显示了内、外要素交互作用对组织发展的影响:模型 1 为主效应模型,包含效率、合法性、组织者动机、参与者动机等四个自变量,其检验结果在前文已经讨论过了,各自变量均对组织发展具有显著影响;模型 2 在模型 1 的基础上增加了交互变量的乘积项,两个外在要素(效率、合法性)分别与两个内在要素(组织者动机、参与者动机)进行交互。从回归分析结果可以看出,模型 1 与模型 2 进行比较,R^2 有显著变化,变化值为 0.008,显著性水平 $p < 0.001$,表明内、外要素的交互作用对组织发展有显著的影响。

表 5.14　内、外要素交互作用对组织发展影响的层次回归模型

| | | 非标准化系数 | | 标准系数 | t | Sig. | 调整的 R^2 |
		B	标准误差	β			
模型 1	(常量)	−8.135	0.647		−12.577	0.000	0.981
	效率	0.127	0.020	0.258	6.428	0.000	
	合法性	0.274	0.035	0.293	7.814	0.000	
	组织者动机	0.158	0.019	0.229	8.436	0.000	
	参与者动机	0.225	0.022	0.269	10.234	0.000	

续表

		非标准化系数		标准系数	t	Sig.	调整的 R^2
		B	标准误差	β			
模型 2	（常量）	−8.566	0.497		−17.237	0.000	0.989
	效率	0.160	0.015	0.327	10.360	0.000	
	合法性	0.221	0.028	0.237	7.971	0.000	
	组织者动机	0.174	0.015	0.252	11.699	0.000	
	参与者动机	0.221	0.017	0.263	12.997	0.000	
	效率×组织者动机	−0.007	0.002	−0.143	−3.243	0.002	
	效率×参与者动机	0.006	0.002	0.110	2.390	0.019	
	合法性×组织者动机	0.009	0.004	0.104	2.597	0.011	
	合法性×参与者动机	−0.018	0.005	−0.159	−3.557	0.001	

因变量：组织结构化

（一）效率×组织者动机

模型 2 显示效率与组织者动机的乘积项的回归系数为 −0.143，在 $p < 0.01$ 的水平上显著，这表明效率与组织者动机之间存在负向交互作用，效率与组织者动机两者加起来对组织发展的影响要小于他们各自对组织发展的影响。当效率增强时，组织者动机对组织发展的正向效应减弱；反之同样成立，当组织者动机增强时，效率对组织发展的正向效应减弱。

当组织效率较低时，其外部资源掌控程度、联赛水平均较低，对于组织者动机的依赖程度较高，组织者动机是组织发展的最重要因素，如果组织者动机水平较低，将无法有效推动组织发展。而当组织效率较高时，其赛事影响力日益增大，同时，外部利益相关者以及赛事球员均形成对组织发展的强大推动力，组织者动机对组织发展的正向效应随之减弱。同样，当组织者动机处于较低水平时，由于缺乏内在动力，更需要借助组织效率的推动，而当组织者动机处于较高水平时，组织效率对于组织发展的影响减弱。

（二）效率×参与者动机

模型 2 显示效率与参与者动机的乘积项的回归系数为 0.110，在 $p < 0.05$ 的水平上显著，这表明效率与参与者动机之间存在正向交互作用，

效率与参与者动机两者加起来对组织发展的影响要大于他们各自对组织发展的影响。效率增强时,参与者动机对组织发展的正向效应增强;反之同样成立,当组织者动机增强时,效率对组织发展的正向效应增强。

参与者动机增强使得组织需要不断向结构化、正式化方向发展,以满足其需求。然而,组织的正式化、结构化的发展过程,是由组织者所直接主导的,所以,参与者动机的增强必须在效率同时增强的时候,才能更好地推动组织发展。如果仅仅是参与者具有较强的动机,组织的效率低下,联赛的水平、影响力不高,外部资源掌控能力不强,组织发展依然缺乏物质支撑。所以,效率也就成为连接参与者动机与组织发展因果关系的必然环节。反之,如果效率提升,参与者动机并没有相应的提升,其组织结构化、制度化依然缺乏动力。因为参与者只是将足球竞赛当成一种简单的休闲娱乐活动,并没有其他更为强烈的动机,在这种情况下,过于制度化的竞赛规程以及结构化的组织,反而不符合参与者的需求,所以,参与者动机也成了连接效率与组织发展因果关系的必然环节。

(三)合法性×组织者动机

模型 2 显示合法性与组织者动机的乘积项的回归系数为 0.104,在 $p<0.05$ 的水平上显著,这表明合法性与组织者动机之间存在正向交互作用,合法性与组织者动机两者加起来对组织发展的影响要大于他们各自对组织发展的影响。当"组织者动机"较低时,"合法性"对组织发展的影响较小,而"组织者动机"处于较高水平时,"合法性"对组织发展的正向影响更加显著,随着"合法性"的提升,其推动组织发展的作用越大。因为当"组织者动机"处于较低水平时,表明组织者办赛的意愿是仅仅为球员们提供一个竞赛平台,主要出于乐趣和奉献精神,他们对组织的运营管理较为随意,不太注重规制性、规范性。当其动机不断增强时,他们具有较强的"自我实现""社会认可"内在需要,"合法性"的获得会进一步刺激组织者推动赛事组织朝结构化、制度化方向发展。

(四)合法性×参与者动机

模型 2 显示合法性与参与者动机的乘积项的回归系数为 -0.159,在 $p=0.001$ 的水平上显著,这表明合法性与参与者动机之间存在负向交互作用,合法性与参与者动机两者加起来对组织发展的影响要小于他们各自对组织发展的影响。当"参与者动机"较低时,"合法性"对组织发展具有较大的正向影响;而当"参与者动机"增强到一定程度时,"合法性"对组织发展的影响减弱。如果"参与者动机"处于较低水平,表明参与者更偏好松散的组织形式和较低的竞技水平,组织正式化、制度化的推动力量必然主要来自制度要素,取决于组织者对于组织规范化、制度化的认知以及社会、法规对其产生的规范、规制作用。"参与者动机"足够强大时,意味着参与者希望通过更为正式化的组织实现技能提升、社会认可等方面的内在需要,"组织发展"对于外部制度环境的依赖作用减小。

第五节　民间足球竞赛组织发展内、外要素作用关系模型

一、作用关系模型

上文已经对民间足球竞赛组织各发展阶段的内、外要素及动态关系,内、外要素主效应及交互结构关系都进行了相应分析。基于这些研究结果,我们建构了民间足球竞赛组织发展内、外要素作用关系模型,对组织发展的整体作用关系进行一个完整的阐述(见图5.5)。

"关系"是指事物间相互作用、相互影响、相互联系的状态。本书中的"作用关系"是指民间足球竞赛组织发展变化过程中的内、外要素作用及其交互关系结构。学者们之前的研究表明民间足球竞赛组织的发展与外在的环境因素有着密切的关系,本书已验证外在要素(效率、合法性)对民间足球竞赛组织发展的正向作用,另外,组织发展同时也取决于内在要素即组织者与参与者的动机和内在需要,并且内、外要素之间存在着交互结构关系。

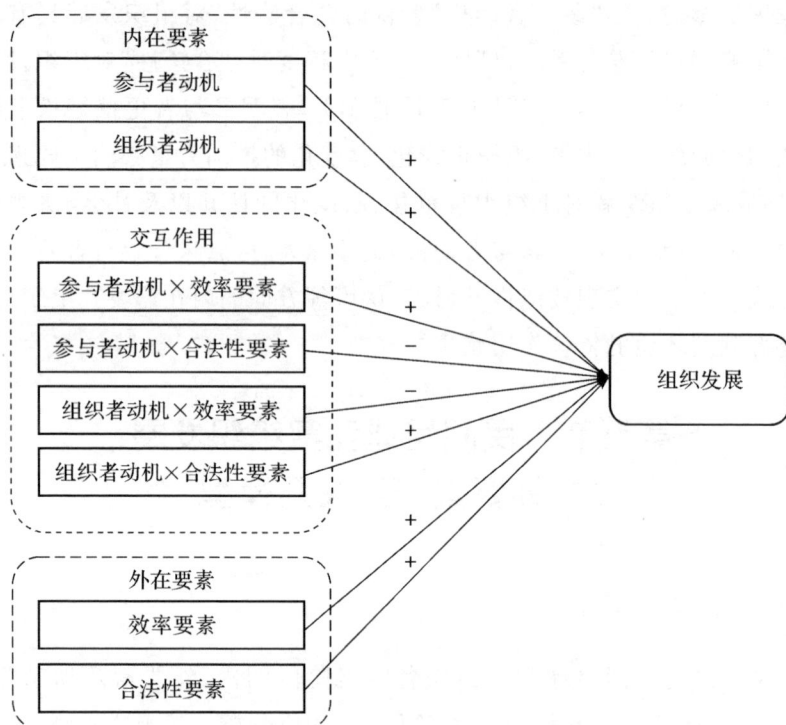

图 5.5　民间足球竞赛组织发展内、外要素作用关系

二、作用关系模型分析

民间足球竞赛组织内、外要素作用关系模型分为三部分：组织发展的内在要素；组织发展的外在要素；内、外要素的交互结构关系。

（一）组织发展的内在要素

组织发展的内在要素由组织者动机和参与者动机共同构成。无论是奉献精神、使命感等利他动机，或者是社会认可、经济利益等利己动机，都会对组织者产生强烈的激励作用，他们是推动组织发展的社会企业家精神。

组织者的"个人兴趣""奉献精神"和经济利益动机在民间足球竞赛组织的第一阶段成为推动组织发展的主导要素，在组织的发展初期，那些非营利赛事缺乏推动组织发展的外部动机，全凭组织者的个人兴趣和奉献精神，他们不断学习优秀赛事，把赛事的发展、进步当成自己的乐趣；而那些营利性赛事，其营利目的在赛事的第一阶段就凸显出来，他们不断推动组织的正规化运作,这样才能吸引更多球队参赛以及获得更多的赛事赞助,例如球场经营者组织赛事则能进一步提升球场的利用率。

"使命感"和"社会认可"动机在第二、第三阶段发挥显著作用,当组织者意识到组织发展对组织成员、球队以及中国足球发展的重要性,认识到其肩负的使命,他们更有动力组织出色而令人满意的赛事,服务更多社会公众,提升赛事水平,培养足球后备人才,从而全方位地促进组织发展;民间足球竞赛组织者可以被看作是社会企业家,他们同样希望不断从环境中获得认可和肯定,基于此,组织者希望不断提升组织的规制合法性、规范合法性、赛事的影响力、赛事的覆盖范围,从而获得政府以及社会的认可。而自我实现动机则在第三阶段开始发挥显著作用,组织者希望通过竞赛组织这个平台更好地发挥自身的潜力与价值,获得更高的成就感,这种价值驱动力使得赛事组织追求完美的赛事组织,他们自发地对赛事的竞赛制度、管理制度、运作流程、组织结构等方面提出了严苛的要求,向民间足球的标杆赛事、甚至是职业赛事不断学习。

另一方面,参与者动机也是推动组织发展的一个重要内在因素,主要包含参与者的技能、兴趣、自我实现、社会认可、经济利益等内在需要及其动机结构。参与者共同的兴趣爱好是民间足球竞赛组织形成的初始动力,个人兴趣和愉快的自我感受,对于激发球员参与民间足球竞赛具有直接意义。几乎所有的民间足球参赛球员,对足球都具有较强的兴趣,反映了球员们对民间足球竞赛的内在需要。在我们对民间足球竞赛参与者(球员)进行访谈时,很多球员表示:"踢球,当然主要是为了好玩啦。"一句话就概括了其最原始的动机。学者们的研究也表明:在身体活动参与过程中,个体的愉快感受(enjoyment)和对活动本身所产生的兴趣(interest)是代表内部动机最重要的两个指标,它们直接决定着身体活动参与的持续性和坚持性(Boothby et al.,1981)。兴趣越强越能坚持参加比赛,保证了赛事初期队伍的稳定性。

进入到第二阶段,球员们除了需要通过足球比赛达到社交、娱乐的目的外,越来越注重自身足球技能的发展与自我实现。通过调研发现,这一阶段球员们相对第一阶段的球员年轻,普遍具有优异的身体素质和运动天赋,更有机会和愿望掌握高超的足球技能,所以他们对足球的认知并不仅仅局限于在场上随便踢踢,而是有更高的自我要求,希望掌握更多的技能,以及思考如何在比赛中更好地运用各种技战术。他们在获得技能进步时会更容易感到快乐,更能产生成就感,技能动机对赛事的竞赛水平与组织水平提出了要求;而球员的自我实现意识越强,也意味着对赛事的影响力和正式化要求越高,越是影响力大和水平高的赛事,越是能带给他们自我实现的成就感。当这些球员在相对正式的赛事中获得好成绩,登上领奖台的时候,更能感受到荣耀感,而那些水平相对较低、正规感较差的赛事组织却无法带给球员们同样的感受。"自我实现"是球员们充分发挥自己的潜力,成为自己所期望的角色,进而获得自我实现的快乐,这一动机促使赛事组织在赛事水平、竞争实力均衡、赛事的仪式感等方面不断加强。

进入第三阶段,球员们存在着较强的社会认可动机和一定经济利益动机,球员们追求的并不仅仅是对活动本身的兴趣,球员们在足球比赛中有着较为强烈的自我表现欲望,注意展现自己,期待他人的鼓励与赞赏。他们的参与积极性不完全是由内部动机激发的,在很大程度上是为了获得积极的社会评价和认可,这一需求的实现,需要赛事不断扩大其影响力、社会认同,从而促进赛事的社会合法性的获取以及赛事的覆盖范围的增大;许多高水平业余球员通过踢球可以获得不错的经济收益,这时候踢球不再仅仅是他们的一种业余爱好,而是其工作的一部分,是其实现经济目的的一种手段。由于经济利益动机的出现,为了吸引那些愿意付费引进球员的高水平队伍,赛事组织者必须扩大赛事的认可度和影响力,使参赛球队可以获得较高的荣誉感。

（二）组织发展的外在要素

组织发展的外在要素包括效率要素与合法性要素。

赛事计划实现、赛事满意、赛事规模等外在环境要素也与组织发展的效率驱动密切相关。一般而言,市场会对组织产生一种效率驱动的作用,组织的生存和发展基础来源于市场,效率产生的利益驱动使得组织者尽力改进组织结构,提升组织效率,获得组织生存与发展的物质资源。

"赛事计划实现""赛事组织满意"和"经济利益动机"在民间足球竞赛组织的第一阶段成为推动组织发展的主导要素。赛事计划实现是民间足球竞赛组织形成和发展的基础要素,参赛球队的满意、组织吸引力提升及赛事规模扩张都有赖于赛事计划实现,所以只有首先保证赛事能按计划实行,组织才有可能得到进一步的发展。赛事规模的增大,一方面可以满足球员多踢比赛的愿望,另一方面也为赛事组织者实现经济目的提供了基础条件。参与赛事的球队满意是组织始终追求的首要目标,因为参赛球队既是组织成员也是赛事的消费者,组织存在的使命就是为其提供满意的赛事服务。

资源掌控效率在第二、第三阶段成为组织发展的主导效率要素,资源依赖理论认为:组织存在于一定的环境之中,需要外部环境为自身提供无法生产的资源。一个积极的行动者为了组织的生存,需要建立并管控与拥有稀缺资源的组织之间的关系,对这种关系的管控程度取决于关系中各组织所构造的"权力格局"。在此理论框架下,"权力格局"中的有利地位意味着组织的成功,即组织能够很好地管控外部的资源。第二、三阶段组织发展加速,对于外部资源的需求进一步加大,为了获取外部资源的支持,组织必须更加快速地提升其赛事影响力,同时提升组织规范性,减少资源交易时所付出的交易成本。

在第三阶段,赛事水平与赛事级别对于赛事发展起到主导作用,这两者的实现均直接取决于赛事的吸引力。随着参赛球队数量的增加,赛事组织可以通过分级的方式提高赛事的竞争实力,通过挑选高水平球队的方式提升赛事竞技水平。赛事吸引力的增加,导致其可覆盖的范围随之拓展。

合法性也会对组织发展产生极大的推动作用,政府法规政策的支持、社会的认可、组织者自身的理念意识成为效率之外形塑组织的重要外在要素。

规制合法性来源于政府、行业协会等相关部门所制定的法律、法规等,具有强制性特点。规制合法性对于第一阶段的赛事组织来说至关重要,为了顺利办赛和获取外部资源,竞赛组织需要在工商部门或者民政部门进行注册。按照注册要求,组织需要提交管理制度、财务制度,其中民政部门注册要求更高;除了完成登记注册之外,相关法律法规对民间足球赛事还提出了安保、保险购买、消防等诸多规定,这些规定促使民间足球竞赛组织不断地完善管理制度和组织流程,以获得规制合法性。

规范合法性反映的是社会公众对组织规则与行为的适当性判断。民间足球竞赛组织需要获得足球权威人士、社会大众、媒体等各方面的认可,为了获得规范合法性,赛事必然更为规范地运作,具有较为正式的组织结构,承担更多的社会责任,从而推动赛事组织结构完善、分工明确、管理规范化发展,以及竞赛制度、组织架构的趋同。

认知合法性来源于惯例、文化图式和行动脚本,当一项行为和规则被人们认为是"理所当然"时,它就具备了认知合法性。在认知合法性方面,民间足球竞赛还没有形成比较完整的标准和规范体系,但是在专业足球和职业足球领域,却有着非常清晰和完整的标准和规范,这些标准已经成为一种惯例和信念,民间足球竞赛组织者的内心也认为专业的裁判、合理的赛程、完善的组织结构、明确的分工等才是"理所当然"的,随着这种认识的加强以及竞赛条件的改善,组织者们不断地优化赛程安排,他们会参照职业比赛和民间足球标杆赛事的做法和惯例对组织规则和组织结构进行改进,从而不断推动组织结构化、制度化、正式化。

（三）内、外要素的交互结构关系

内、外要素之间是相互作用的,同时也是相互依存的,它们之间有着复杂的内在和外在联系。内在要素是事物发展的主要因素,外在因素需要通过内在要素发挥作用,各种外在要素在现实环境中都将转化为组织目标,在内在动力的驱使下,推动着组织不断地发展。虽然外在效率要素与合法性要素对组织发展起到了重要作用,但这只是外在原因,需要通过诱导、激励,将其转化为内在因素,最后通过内在要素来发挥作用。因此,组织发展的根本动力是组织者和参与者的内在需要及其动机结构。这样也就解释了为什么具有同样发展环境与资源条件的组织,其发展水平存在着巨大的差异性。其关键就在于组织发展的内在要素的差异,即在不同的内在要素水平下,同样的外在要素对组织发展起着不同的作用。

然而,我们强调组织发展的内在要素,不等于完全忽视组织发展的外在要素,内在要素对组织发展的推动作用需要外在要素予以支撑。在不同的环境与时点上,由于效率和制度要素的现实差异,同样的组织者(参与者)可能做出不同的组织发展行为与选择,即在不同的外在要素水平下,同样的内在要素对组织发展起着不同的作用。

本章通过逐步回归分析法对民间足球竞赛组织各阶段的内、外在主导要素进行了实证研究。关于内在要素,研究发现,在第一阶段参与者的"兴趣"以及组织者的"个人兴趣""经济利益"与"奉献精神"动机成为推动组织发展的要素;在第二阶段参与者的"自我实现"与"技能"动机以及组织者的"使命感"和"社会认可"动机成为推动组织发展的要素;在第三阶段参与者的"社会认可"与"经济利益"以及组织者的"自我实现""社会认可"与"使命感"成为推动组织发展的要素。

关于外在要素,研究发现,在第一阶段"赛事计划实现""赛事规模""赛事组织满意"以及"规范合法性""规制合法性""认知合法性"成为推动组织发展的要素;在第二阶段"外部资源掌控"以及"规范合法性""规制合法性""认知合法性"成为推动组织发展的要素;在第三阶段"外部资源掌控""赛事水平""赛事级别(范围)"以及"规范合法性""认知合法性"成为推动组织发展的要素。

本章还对各阶段的主导要素动态发展做进一步分析,研究发现各类内、外要素在其不同的发展阶段呈现了不同的主导性特征,展现了民间足球竞赛组织发展的主导要素变化趋势。本章第四节通过多元回归分析法、层次回归分析法等分别对民间足球竞赛组织各阶段的内、外主导要素,发展全过程内、外要素主效应,内、外主要要素与民间足球竞赛组织发展的交互结构关系等进行了实证研究。研究表明,参与者动机、组织者动机、效率要素、合法性要素等内、外要素对组织发展均有显著正向影响,内、外要素的交互作用对组织发展亦具有显著的影响;其中,效率与组织者动机之间存在负向交互作用,效率与参与者动机之间存在一种正向交互作用,合法性与组织者动机之间存在正向交互作用,合法性与参与者动机之间存在负向交互作用。本章的最后,通过模型建构的方式对民间足球竞赛组织发展的内、外要素整体作用关系进行了一个概括性总结与分析。

第六章 案例研究
——以南岭铁狼杯七人制足球竞赛组织为例

第一节 南岭铁狼杯七人制足球竞赛组织简介

南岭村因改革开放以来的经济奇迹而为人们所熟知,而现在南岭铁狼足球俱乐部和业余足球赛事"铁狼杯"也已成为南岭村的一个品牌。

南岭铁狼足球俱乐部涉及多个层面,包含室内五人制职业足球队、民间足球赛事组织、青少年足球培训等。在民间足球赛事组织方面,南岭铁狼杯七人制足球赛、南岭铁狼杯青少年足球赛、文诚杯足球赛、南岭铁狼本地杯足球赛、求水山酒店杯五人制足球赛等赛事都已具有了广泛的影响力。其中,南岭铁狼杯七人制足球赛事是广东业余足球品牌赛事,至 2017 年已经举办了 15 届。最初,南岭社区本着以球会友、增进交流的目的,组织南岭片区的草根球队参赛,前两届各有 24 支业余球队参加,从第三届开始,参赛队伍扩充至 32 支,并确定采用世界杯赛制。赛事的组织管理也日益正式化和规范化。2010 年就在工商部门注册正式成立公司,赛事组织共设四个机构,包括综合部、财务部、赛事部以及市场部等,有 21 个固定职位,分为总经理、总监、经理、职员四个层级。联赛已经建立严格和成文化的竞赛规程以及财务、人事等内部管理制度,赛事的管理已经较为规范。随着该赛事影响力的与日俱增,参赛队伍由深圳市扩展到粤港澳,参赛队员覆盖全国,众多国外球员以外援身份参加该赛事。2017 年"铁狼杯"为解决报名队伍众多、参赛名额有限的问题,以预选赛的方式确定参赛资格。随着赛事水平的不断提升,其影响力也日渐增大,获得了社会各界的关注,广东体育频道、网易等媒体都对该赛事进行了现场直播;在赛事赞助方面,获得"卡尔美""求水山酒店"等多家企业的大力赞助;在政府扶持方面,获得区政府、街道办的资金扶持。

　　此外,"铁狼杯青少年足球赛"与"铁狼本地杯"同样成为深圳业余足球的著名赛事。为了让更多青少年足球爱好者参与赛事,从而为国家输送有潜质的足球运动员,俱乐部于 2011 年创办了深圳南岭"铁狼杯青少年足球赛",分为小学组、初中组、高中组等三个组,共有 30 多支队伍比赛。该赛事已经成功举办了六届,累计参赛的青少年球员达 4000 多人。为了给予本土球员更多参赛空间,促使更多的深圳足球爱好者参与比赛,2012 年张育军等人又创办了南岭"铁狼本地杯"足球赛,专为深圳本地球员搭建一个足球竞赛平台,赛事参赛队伍由深圳各区、街道、社区为单位的代表队构成,从而达到宣传本地足球文化、提升本土足球水平的目的。

　　由于南岭铁狼杯七人制足球竞赛组织完整地经历了三个发展阶段,故选择南岭铁狼杯七人制足球竞赛组织作为典型案例,对我国民间足球竞赛组织发展过程中的内、外要素及其交互作用关系予以进一步解释。

第二节　南岭铁狼杯七人制足球竞赛组织的发展阶段及其内、外要素

一、组织发展的第一阶段及其内、外要素

(一)第一阶段及其主要特征

　　南岭铁狼杯七人制足球赛起源于 1990 年建队的南岭村足球队,球队刚开始仅有几名足球爱好者。当时南岭村体育设施和活动都非常少,只是初中生的张育军提议建立一个足球队,得到大家的一致同意,南岭村足球队就这样正式诞生了。为了解决活动场地问题,南岭村人便自行出资开辟了一块足球场,队员们每天放学后就一窝蜂地涌入足球场踢球、热闹非凡。张育军等人还向村里年轻人发出号召,只要热爱足球,都可以来报名参加足球队。于是,足球队由最初的 23 人迅速发展到 160 多人,并分为三个年龄组,队员中年龄最小的才 6 岁,年龄最大的则有 45 岁;有本村的,也有外村的;有学生,有上班族,也有做生意的,大家都是为了同一个爱好走到一起来。张育军踢球风雨无阻,他的口头禅就是:"生意可以不做,但足球不能不踢。"

为了提高大家的足球竞技水平,足球队还特意聘请了广东省青年足球队原专业队员郭涛担任教练,给大家进行专业指导,除了训练之外,偶尔也会约其他球队进行一些友谊赛,或者组织队内的分组比赛。

慢慢地,南岭村足球队不再满足于这种零散的非正式化的比赛。2003年,队长张育军提出效仿职业赛事形式,举办一年一度"铁狼杯"足球赛的建议。大家也都非常支持,队长张育军主动承担起联系和组织比赛的工作,为广大的足球爱好者提供了一个良好的活动平台。前两届赛事的名称分别为"南岭村杯""明星鸿杯",参赛队伍均为 24 支,由张育军一人负责赛事组织的主要工作,在工作繁忙时再请球队其他成员协助,共同承担"竞赛组织、场地安排"等多项工作,赛事执行中国足协公布的《足球竞赛规则》,但由于七人制足球赛并非标准赛制,所以关于比赛用时和报名人数等方面并没有固定标准,组织者张育军与几名球队的负责人通过非正式的沟通方式商讨通过比赛用时与报名人数的规则,而其他规则基本采用通用规则。在这一阶段,"铁狼杯"并没有到民政部门或者工商部门正式注册,所以也没有建立财务制度和人事管理制度,主要依靠组织人员的自律性以及参赛队伍的信任。组织与参赛及参赛队伍之间的各类互动相对较为随意和灵活,赛事信息的发布、更改等主要通过 QQ、电话等方式。

(二)第一阶段的内、外要素描述

张育军等组织者主要是出于兴趣而主动组织"铁狼杯"赛事,他们自身都非常热爱足球运动,组织足球赛对于他们来说是一种乐趣,同时也希望通过足球赛给球友们提供一个活动平台,丰富大家的精神文化生活,贡献自己的力量,不求回报地组织这些赛事。而参与者的主要动机则是乐趣与社交,他们因为共同的爱好而走到了一起,这些参赛队伍主要以休闲娱乐、健身锻炼、交友为主要目的。"健身娱乐"是大家比较一致认同的目的,队员们都是出于对足球的热爱而来参赛,还有许多队员抱着"以球会友"的目的,希望跟球友们多交流,认识更多志同道合的朋友。在这一阶段,对于赛事组织主要的要求是能够具备基本的组织功能,有人负责召集球队、发布信息、安排赛程、协调组织、联系场地等工作,对于赛事的举办并没有更多的要求,组织沟通和管理可以相对随意和灵活,因为大家主要都是抱着娱乐、交流的目的参赛。

　　总之,在第一阶段参与者和组织者主要希望能够召集到足够数量的队伍,满足杯赛要求;协调好场地、裁判等竞赛资源并制订基本的竞赛规程,使得赛事能够按照计划进行,并做好基本的赛事后勤保障工作,所以对于组织人员的数量和专业分工要求并不强烈。这一阶段,"铁狼杯"赛事资源主要来源于南岭社区,其办赛场地、办赛资金都主要靠当地社区的支持,所以一开始,张育军等组织者就认识到,赛事的生存与发展取决于当地社区居民和领导的认可,赛事的行为和规则必须符合他们的期待。在操作过程中,主要体现在:赛事的组织程序必须规范,符合社区精神文明建设以及宣传的需要,所以从第一届赛事开始就设置了相对规范的开闭幕式,并邀请社区和街道工作人员出席;在财务方面,虽然尚未建立完整的财务制度,但是已经形成了一些不成文的规定,必须进行基本的财务公开,接受当地群众的监督。

　　(三)第一阶段的内、外要素分析

　　从南岭铁狼杯七人制足球竞赛组织的第一阶段历程,我们可以看出:其竞赛组织的产生根源在于参与者(球员)的兴趣动机,而组织者张育军等人也同样对足球具有强烈的个人兴趣并愿意奉献自己的时间与精力,两者的动机刚好契合,这些都推动了赛事组织的建立。由于组织者的无私奉献、全心投入,能够较好地保证赛事顺利进行,在内部管理沟通、后勤安全保障等方面也有较高的参赛满意度。这些效率要素实现的同时又进一步稳固和强化了参与者和组织者的动机,使赛事得以继续发展。

　　"铁狼杯"赛事资源主要来源于社区,故其规范性压力主要来自社区,其发展特征也较为明显地体现了这一点,如财务公开、赛事开闭幕式仪式化、注重宣传等。而规制合法性程度依然较低,虽然在其他方面都基本遵照相关法律法规,但并未正式登记注册,这主要是由于以下两个方面:一是其组织依托于社区,天然具备一定的合法性,相对于其他民间足球竞赛组织所受到的合法性压力较小;二是其组织成立相对较早,当时很少有业余足球竞赛组织注册为市场组织。

　　总体来说,处于第一阶段的南岭铁狼杯七人制足球竞赛组织结构较为松散,复杂性、正式化、分权化程度较低,但在内、外要素的作用下正朝着结构化、制度化方向不断发展。

二、组织发展的第二阶段及其内、外要素

(一)第二阶段及其主要特征

2005 年,南岭铁狼杯七人制足球赛进入了第三个年头,参赛队伍也从第一阶段的 24 支增加到 30 多支,并逐渐固定为 32 支,采用世界杯赛制,赛事的名称也确定为"铁狼杯"。

赛事组织逐步开始规范化发展,这一阶段除张育军之外又新增了两人参与赛事组织,并进行了基本的分工。张育军作为总负责兼赛程安排工作,一人负责报名、保险购买等后勤事务,一人负责财务工作,并开始有意识地寻求赛事赞助。组织者的增多使得各项赛事组织工作都可以做得更为细致,专业化有所提升。竞赛的各项组织流程已经相对规范,通过网络等方式进行赛事招募,并制作赛事宣传海报,赛事的开幕仪式较为正规化,每轮比赛结果也会在网站公布,同时公布赛事的影像资料;在内部管理制度方面,已经建立了简单的财务和人事制度;在集权性方面,也建立了赛事联席会议制度,召集所有裁判、领队参加,除比赛对阵抽签之外,还设置专门环节征集参与者对于赛事组织的各种意见和建议,并进行现场讨论或者会后反馈。

在赛事规程方面,成文化的规程方面并没有太多变化,仅标明了赛事举办的时间、地点、赛制、参赛球队数量、每队报名人数、赛事奖励、报名费用、报名方式等,对于比赛规则仅说明:"比赛执行中国足协公布的最新《足球竞赛规则》",并没有对比赛装备、着装规范、保险购买等问题予以强调。当赛事报名球队超过限制时,只要球队符合赛事准入资格,依然按照报名的先后顺序确定参赛资格。

(二)第二阶段的内、外要素描述

2003 年、2004 年两届赛事之后,很多参赛队伍第一次感受到了"正规"比赛的乐趣与刺激,总体来说对于赛事也较为满意。但毕竟赛事处于初创期,存在许多有待改进的地方,比如:经费有限、组织人员有限、赛事规范程度不够、比赛场地条件有限等。球员们对于前两届赛事的主要意见集中为以下几个方面:比赛不能完全按计划执行,部分球队出现迟到的现象,导致球赛推迟,从而给赛事安排带来不良影响;对于竞赛规程的某些条款存在一定的争议,例如下场队员是否可以重新换上场,是否需要设置越位规定等,

这些赛事规程基本参照职业赛事,然而部分球队认为业余赛事可以根据实际情况进行变动,各球队由于其实际状况及对于规则的认知不一,所以对于这些问题也存在不同观点。另外,对于竞赛的沟通安排、后勤保障以及比赛场地等也存在着一些意见。

而到了第二阶段,参赛球员普遍水平较高,对于运动技能较为重视,不仅停留在娱乐、交流的层面,他们希望通过比赛来提高自己的运动水平,同时也希望通过比赛展现自己的能力,超越对手,他们获胜的欲望更为强烈。特别是年轻球员,他们对比分更为看重,对专业性更为看重,所以迫切希望赛事组织方能够进一步提升球赛的专业性和制度化。他们认为一个更为专业的赛事才能激发他们的竞争欲望,才能更好地提升其足球水平,在更专业的平台也才能获得更多的成就感。

张育军作为主要组织者的南岭足球队队长,赛事的举办满足了其搭建更稳定、经常性的足球交流平台的愿望,也体验到了组织赛事为足球爱好者服务的乐趣。但赛事的组织工作也并不是尽善尽美的,张育军希望能够推动赛事进一步规范化、制度化,扩大赛事的影响力,致力于将"铁狼杯"打造成深圳最出色、竞赛水平最高的业余足球赛事,从而获得社会的认可。他希望通过这个平台进一步倡导全民健身运动,丰富广大足球迷的业余生活,提高业余足球运动水平,更好地为当地公共体育服务和中国足球事业发展做贡献。

进入到第二阶段,无论是组织者还是参与者,都希望赛事进一步地规范和专业,所以在赛事的组织架构和规则上都开始有意识地进一步向专业、职业足球竞赛靠拢。专职赛事组织人员不断增加,各项竞赛工作的组织管理水平有所提升,比赛球场也进行了升级,灯光、看台、排水经过了全方位的改造,从各个方面提升了赛事的规范性,同时也提升了参与者的满意度。从第四届开始,社会各界对于"铁狼杯"的认可度进一步增强,其影响力也越来越大,参加比赛的球队从南岭村周边迅速扩展到了整个广东以及港澳地区,并有很多退役职业球员参与,其规模之大、水平之高吸引了不少球迷观看,无论是初赛还是复赛,场场爆满。据统计,2008年"铁狼杯"有数万球迷到现场观赛。深圳电视台对2009年第七届南岭"铁狼杯"的开闭幕式及最后8场比赛进行了现场直播,中国足协前副主席曾雪麟出席了开幕式,并对决赛进行现场点评。"铁狼杯"逐渐成为广东地区最为知名的民间足球赛事之一,推动了当地业余足球活动的开展,实现了张育军等赛事组织者的责任感、社会认可动机;赛事的高水平、高影响力也满足了参与者的技能、自我实现动机。

（三）第二阶段的内、外要素分析

从南岭铁狼杯七人制足球竞赛组织的第二阶段历程,我们可以看出:参与者的主导动机由单纯的兴趣转变为技能与自我实现占主导,而组织者的动机则由单纯的个人兴趣和奉献精神发展为使命感与社会认可,正是这些内在要素推动着组织从第一阶段进入到第二阶段。为了满足参与者与组织者的这些动机,赛事场地条件、组织管理水平方面有了较大改进,从而提升了赛事满意度。赛事满意度又强化了参与者的动机,同时也吸引了具有更强技能与自我实现动机的新参与者加入。这些新加入者具有相对较高的竞技水平,从而提升了赛事的整体水平。根据资源依赖理论,高水平赛事在"权力格局"可以占据有利地位,即组织能够很好地管控外部的资源。随着"铁狼杯"赛事水平提升与影响力增大,其外部资源掌控能力也逐渐增强,主要表现在媒体的关注度、赛事对于管理人力的吸引力。

在合法性方面,这一阶段"铁狼杯"赛事依然主要依托于社区,但由于参赛队伍来源的广泛性和电视直播,其赛事覆盖和影响范围已经扩展至整个广东以及港澳地区,故其规范性压力除了来自村委会和居民外,还同时受到粤港澳参赛球队、赛事关注者以及足坛名宿的规范性压力。在认知合法性方面,张育军等组织者也通过学习交流对职业（专业）赛事组织以及其他优秀民间赛事组织有了更进一步的了解,主动意识到其赛事组织制度化、规范化程度的不足,故主动模仿其他赛事,进行了相应的调整与变革,如增加工作人员、明确分工、规范流程、建立基本的财务人事制度。而赛事规程成文化方面并没有太多变化,主要是由于民间足球基本都采用足协颁布的通用竞赛规则,这在第一阶段就已相对完善。另外,与第一阶段一样,由于同样的原因,其规制合法性程度依然较低。

总体来说,处于第二阶段的南岭铁狼杯七人制足球赛的组织结构化、制度化程度较第一阶段有了一定程度的提升。

三、组织发展的第三阶段及其内、外要素

(一)第三阶段及其主要特征

为推进南岭村足球职业化和产业化发展,2010年,深圳南岭铁狼足球俱乐部成立,并在当地工商部门注册成立了深圳市南岭铁狼足球俱乐部有限公司,"铁狼杯"七人制足球赛事也进入了第三阶段,组织人员迅速增至15人左右,组织的科层结构也比较完善,共设三个部门:赛事部,负责编制竞赛规程等竞赛工作;综合部,负责审核各项报名参赛资料,购买参赛保险等;财务部,负责公司财务工作。俱乐部还建立了专业的网站和微信公众号,各项赛事通知、报告等都会通过网站和公众号同时进行公布。

联盟竞赛规程和组织内部各项管理制度均有正式文件,并按照规章制度较为严格地执行。这一阶段新增了球员注册制度,要求参赛球员必须在铁狼俱乐部进行注册,并获得"铁狼杯"或"铁狼本地杯"参赛证才可以参赛,以便于统一管理;同时,对于比赛装备(比赛球鞋、主客场比赛服、足球袜、佩戴护腿)等也都提出了更为明确的要求;在竞赛安全保障方面,要求各参赛队必须自行为球员购买意外伤害保险;对于报名球队超过招募球队数量的情况,2017年第十五届"铁狼杯"采用预选赛的方式决定球队参赛资格,相对于以往的"先报先得"的方式更为规范。组织工作已形成一套完备的、标准的程序,并建立了标准化组织沟通程序。在组织的决策方面,赛事建立了联席会议,召集各职能部门和参赛球队领队共同决策,但大部分规章制度和竞赛规程已经相对固定,主要是针对赛事的奖金、比赛场地、时间等方面进行微调。

俱乐部还组织了南岭铁狼杯青少年足球赛、文诚杯足球赛、南岭本地杯足球赛、求水山酒店杯五人制足球赛等业余足球赛事,每年投入逾百万元资金举办赛事。比赛场地标准化建设方面也大有改进,在求水山麓建立了一个十一人足球场、一个七人足球场、两个五人足球场、一个室内五人场,部分球场还设置了看台。铁狼足球俱乐部也十分注重青训系统建设,铁狼青训目前拥有国内外青训专职教练共30余人,在训学员500余人,并与许多培训基地及学校开展全方位的合作。

（二）第三阶段的内、外要素描述

至 2010 年，"铁狼杯"已经开展了八年，为足球爱好者提供了一个极好的参与足球、展示自我的平台，其影响力日渐深远，吸引了众多退役职业球员和高水平业余球员参赛，在参赛名单中有马里科、栗鑫、邢凯、丁海辉、潘伟明、郑谋荣和黄家富等多位退役职业球员，这些高水平球员大大提升了"铁狼杯"的观赏性和赛事水平，南岭"铁狼杯"足球赛逐渐成为全国业余足球界影响力最大、水平最高的赛事之一。2017 年，"铁狼杯"为解决报名队伍众多、正赛名额竞争激烈的问题，采用预选赛的方式确定剩余的参赛名额，进一步提升赛事的规范性、竞赛水平和影响力。张育军表示希望进一步扩大"铁狼杯"在全国范围内的影响力，让更多广东地区以外的队伍参加。从 2013 年第十一届赛事开始，"铁狼杯"在广东体育频道电视直播的基础上又引进了网络直播、微信平台、铁狼官网、专业体育网站及传统纸媒等宣传手段，全方位对赛事进行报道，再次把赛事宣传推向一个新的高度，目前"铁狼杯"已与央视五套联系播出事宜，希望能在全国层面引起关注。

"铁狼杯"足球赛带动了深圳当地的业余足球竞赛氛围，深圳涌现出了更多的业余足球赛事，为公共体育服务和中国足球事业的发展做出了巨大的贡献。关于南岭村在社区足球方面的大胆尝试，南岭村社区党总支书记张育彪表示："在国家的经济改革开放中，南岭村提供了一个村集体经济转型的范本，如今我们想在国家足球改革中提供另一个南岭村样本。"其振兴中国足球的使命感显而易见。随着"铁狼杯"的影响力与日俱增，组织者在办赛过程中也收获了更多的成就感和社会的认可。

而作为参与者的球员在这阶段则除自我实现动机外还显现出一定的经济利益动机和较强的社会认可动机。参加这一阶段赛事的球员竞技水平进一步提升，他们基本都是深圳及周边最高水平的业余球员，这些球员被一些希望在"铁狼杯"比赛中获得优异成绩的队伍邀请入队，他们可以通过参赛获得工资和补贴，金额普遍在每月数千元以上，在参赛的 32 支球队中，有 1/3 的球队会给球员发放工资或补贴，所以经济利益也成为这些球员参与比赛的动机之一。同时由于规范性和竞技水平不断提升，南岭铁狼杯七人制足球赛在深圳及周边地区具有很大的影响力，如果能在这些赛事中获得不错的成绩，就能在足球圈中获得较好的社会认可，这一点也是吸引这些球员参赛的重要原因。

赛事组织者张育军为了让更多青少年足球爱好者参与赛事，以及为国家输送有潜质的足球运动员，于 2011 年创办了深圳南岭"铁狼杯青少年足球赛"，分为小学组、初中组、高中组等三个组，比赛共有 30 多支队伍参加。南岭足球俱乐部也组建起了完整的梯队，数百名青少年在专业教练的指导下进行日常训练，通过铁狼俱乐部的青训已经走出了六名五人制国家足球队队员。俱乐部还坚持了 10 年不收取任何费用，免费提供球衣等训练装备，从 2015 年开始，由于报名的小球员数量过多，教学资源过于紧张，不得不收取一些基础费用。随着"铁狼杯"的不断发展，吸引了很多外地高水平球员参赛，从而大大减少了本地球员的参赛空间，为了解决这一问题，并促使更多的深圳足球爱好者参与比赛，2012 年张育军等又创办了南岭"铁狼本地杯"足球赛，要求参赛队员至少三代人都是深圳户籍，是专为深圳本地球员搭建的一个足球竞赛平台。"本地杯"和"青少年足球赛"这两项赛事的举办也很好地凸显了张育军等为中国足球事业和当地公共体育服务做贡献的精神。

（三）第三阶段的内、外要素分析

从南岭铁狼杯七人制足球竞赛组织的第三阶段历程，我们可以看出参与者的自我实现依然占主导，而经济利益与社会认可动机也显现出来，并且在铁狼杯赛事中这两方面的参与者动机表现得更为明显，而组织者的自我实现动机在这一阶段凸显出来，因为这一阶段铁狼杯具有广泛的影响力，有相当一部分的球员可以通过踢球获得不错的收入，故其经济利益动机充分展现。同时，赛事的影响力和高水平为参与者的社会认可以及组织者的自我实现动机实现提供了较好的条件。为了满足参与者与组织者的这些动机，成为一个更为优秀的竞赛组织，组织者进一步提升了赛事的规范性、加强了媒体宣传、提高了竞赛水平，这些要素的实现使得赛事的资源掌控能力进一步提升，而资源掌控能力又反过来促进赛事的进一步规范化、正式化发展。

这一阶段新增了"本地杯"赛事。因为进入第三阶段，南岭铁狼杯七人制足球赛的竞技水平和规范化程度进一步提升，而之前的很多本地球员不能适应这些高水平竞赛以及严格的规程，并且其需求还停留在兴趣、技能阶段,并无明显经济利益和社会认可动机,所以他们并不希望赛事进一步发展,从而与组织者和其他参与者的需求出现了冲突,赛事组织者举办了"本地杯"赛事,较好地解决了这一问题。这一现象反映出民间足球赛事的组织者与参与者的需要并不是同步发展变化,而是存在一定的差异性,只有合理解决才能促进赛事更快更好发展。

在合法性方面,这一阶段"铁狼杯"赛事覆盖和影响范围已经扩展至整个广东甚至全国,其规范合法性和认知合法性都得到进一步强化,特别是在竞赛规程的细节上有了进一步规范,如着装细节以及参赛证等问题。在规制合法性方面,由于其需要获得更多的赞助资源以及政府扶持,的组织已经在工商部门注册,获得了合法性身份。

总体来说,处于第三阶段的南岭铁狼杯七人制足球赛的组织结构化、制度化程度已经达到较高水平。

南岭铁狼杯七人制足球竞赛组织完整地经历了我国民间足球竞赛组织发展的三个阶段,较好地展现了我国民间足球竞赛组织发展过程中的内、外要素及其交互作用关系。

第七章 研究结论与建议

第一节 研究结论

　　"组织发展"是指"民间足球竞赛组织"为实现其组织目标而不断结构化、制度化的过程,民间足球竞赛组织的发展源于其内在要素(组织者动机、参与者动机)和外在要素(效率要素、合法性要素)的共同推动作用。本书通过问卷调研获取相关数据,采用多元回归法、逐步回归法以及层次回归法等数理统计法,探讨了民间足球竞赛组织发展内、外要素作用关系,得出以下主要结论。

　　第一,处于不同发展阶段的民间足球竞赛组织存在着其阶段性特征,在复杂性、正式化、集权性等三个类属标准上均有较为明显的区分度,并呈现出递增趋势。

　　第二,推动我国民间足球竞赛组织发展的内在要素包括参与者动机、组织者动机,其中,各类内在要素在其不同的发展阶段呈现出不同的主导性特征。

　　民间足球竞赛组织发展的内在要素由参与者动机与组织者动机两部分构成,参与者动机、组织者动机均对民间足球竞赛组织的发展具有显著正向影响。各类要素在其不同的发展阶段呈现出不同的主导性特征,参与者兴趣动机在民间足球竞赛组织的第一阶段发挥显著作用,再一次证明了共同的兴趣爱好是民间足球竞赛组织形成发展的初始动力;参与者的技能动机和自我实现动机在第二阶段开始发挥显著作用;参与者的社会认可动机和经济利益动机则在第三阶段开始发挥显著作用;社交动机在三个阶段均表现不显著,参与者的社交动机与组织的发展水平没有明显的相关关系。

　　组织者的个人兴趣、经济利益和奉献精神动机在民间足球竞赛组织的第一阶段成为推动组织发展的主导要素;使命感动机与社会认可动机在第二、第三阶段发挥显著作用;而自我实现动机则在第三阶段开始发挥显著作用。

第三,推动我国民间足球竞赛组织发展的外在要素有效率要素、合法性要素,其中,各类外在要素在其不同的发展阶段呈现不同的主导性特征。

民间足球竞赛组织发展的外在要素由效率要素和合法性要素两部分构成,效率要素、合法性要素均对民间足球竞赛组织的发展具有显著正向影响。

各类要素在其不同的发展阶段呈现不同的主导性特征,赛事计划实现、赛事组织满意和赛事规模在民间足球竞赛组织的第一阶段成为推动组织发展的主导效率要素,证明了赛事计划实现、赛事组织满意和赛事规模是竞赛组织形成和发展的基础要素;赛事级别(范围)和赛事水平则在第三阶段呈现显著作用;外部资源掌控则在民间足球竞赛组织发展的第二、第三阶段均呈现显著作用,这意味着民间足球竞赛组织在第二、第三阶段均严重依赖外部资源;内部权力均衡的作用在三个阶段均表现不显著。

规范合法性与认知合法性要素在民间足球竞赛组织发展的三个阶段均发挥主导作用,这意味着植根于基层的民间足球竞赛组织,在不同发展阶段均严重依赖于组织者自身的主动认知以及外部环境的规范作用,这两大要素都是组织生存、发展的基础性机制;规制合法性则仅在民间足球竞赛组织发展的第一、第二阶段显现出显著作用。

第四,我国民间足球竞赛组织的发展过程是由其内、外要素结构互动而形成的。

效率与组织者动机之间存在负向交互作用,效率与组织者动机两者加起来对组织发展的影响要小于他们各自对组织发展的影响。效率与参与者动机之间存在正向交互作用,效率与参与者动机两者加起来对组织发展的影响要大于他们各自对组织发展的影响。合法性与组织者动机之间存在正向交互作用,合法性与组织者动机两者加起来对组织发展的影响要大于他们各自对组织发展的影响。合法性与参与者动机之间存在负向交互作用,合法性与参与者动机两者加起来对组织发展的影响要小于他们各自对组织发展的影响。

第二节　民间足球竞赛组织发展建议

一、政策建议

（一）尊重民间足球竞赛发展客观规律，避免急功近利

足球改革要尊重客观事实、尊重自然规律，足球要取得成绩不是短时间内能够实现的，而是需要长时间积累、循序渐进。职业足球发展的过程中就出现了很多好大喜功、急功近利的政策和做法，影响了职业足球的正常发展。为了夯实足球事业发展的基础，现在民间足球的发展也日益受到国家和地方的重视，但民间足球同样也存在自身发展的客观规律，不能操之过急。

民间足球竞赛是在内、外要素的共同作用下而逐步产生与发展的。这一过程需要参与者、组织者、制度环境与效率环境的协调发展、共同推动。只有当内、外要素均达到应有的程度时，才会继续推动组织向下一个阶段发展。目前有部分地区为了快速推动当地业余足球发展，政府斥巨资组织举办了各种"业余足球（超级）联赛"，但无论是上座率还是关注度都不尽如人意，收效甚微。这一现实问题反映了赛事的正式化、结构化程度以及赛事竞技水平脱离了参与者与组织者的内在需要与外在环境，脱离了大众，脱离了民间。这些赛事还挤占了真正的民间足球赛事发展所需的稀缺资源，在一定程度上阻碍真正的民间足球赛事的发展。我们不能否认政府在民间足球发展中应该发挥的积极作用，然而政府应该履行的是监督、管理、服务、引导的职能，政府应为民间足球发展提供基础资源与政策条件，指导与协调建立多级联赛体系，促进民间足球赛事快速、规范发展，而不是急功近利，不顾客观规律，盲目地追求高水平、高规格。

（二）贯彻民政部社会组织登记管理新精神，赋予社会体育组织合法地位

规制合法性机制是一种强制性机制，规制合法性的缺失和不足将导致组织的生存和发展处处受限。许多民间足球竞赛组织虽然获得社会的承认，具备了规范合法性，但却难以获得法律的认可。民间足球竞赛组织

中也存在很多这样的案例，一些非营利性民间足球竞赛组织已开展活动多年，给当地足球爱好者提供了良好的赛事交流平台，受到了广泛的认可，但由于登记制度的限制，无法在民政部门注册，无奈成为"非法组织"。规制合法性的缺失限制了这些民间竞赛组织的发展，导致它们在开展活动时经常会遇到各种阻碍，也很难获得政府的扶持和企业的商业赞助。

国家民政部明确表示，在社会组织的登记管理上将会取消不必要的审批，下放权限，行业协会商会类、科技类、公益慈善类和城乡社区服务类四类社会组织，可以依法直接向民政部门申请登记，相关省市也陆续出台四类社会组织直接登记管理的暂行办法。但在我们走访的民间足球竞赛组织中，除为数不多的几个组织在民政部门成功注册登记，以及部分组织因其营利性质而在工商部门注册登记外，还有很多的非营利组织在注册登记的过程中面临非常多的阻力，无法注册，不得不继续其"非法组织"的身份。对此，上级主管部门应该对人为设置障碍的行为予以坚决制止，为民间足球竞赛在民政部门登记注册打开通道，赋予其合法地位，为民间足球竞赛组织快速发展提供基本的制度保障。

（三）保持民间足球竞赛组织独立性和自主性

民间足球竞赛组织在大众足球运动的发展中发挥了巨大作用，与政府一起构成了公共体育服务供给主体，推动了国家与社会、市场之间的良性互动合作，改变了过往单一的体育组织原则、单一的体育服务供给方式和强制性的体育资源动员方式（郝亮等，2011），成为我国公共体育服务多元主体治理的成功案例。

民间足球竞赛组织正是由于其自发性和独立性而实现快速发展，业余足球竞赛组织实现真正的民间化，更符合足球运动发展的规律，也只有自主、独立的社会组织才能成为政府的有效合作伙伴。以往，政府习惯将这些组织置于自己的控制之下，通过干预或者直接培育的方式建立"可控的"组织体系，这大大制约了民间足球组织的发展。著名的政治学家俞可平（2014）指出："划分政府、市场和社会之间的权力与责任的边界，是现代国家的基本职能，让政府的归政府、市场的归市场、社会的归社会，是现代国家治理的基本任务。"为了使民间足球竞赛组织更为自由地开展和组织赛事活动，最大限度地发挥其应有效用，必须坚持民间足球竞赛组织的独立性和自主性。体育管理部门在与民间足球竞赛组织进行互动合作时,既要做好"掌舵人",又要当好配角。一方面适当扶持、合理引导;另一方面需要消除部门利益、垄断管制对民间足球竞赛组织与活动的干扰。

（四）加强对民间足球竞赛组织的精神激励

我们发现,驱动民间足球竞赛组织者的内在动力除了个人兴趣和经济利益之外,还有对社会责任、社会认可、自我实现的追求。那些实现快速发展的组织,其组织者往往属于"价值导向型",他们追求比个人财富最大化更高远的目标,民间足球运动的发展与未来系于这些组织者们的精神与实践。

我们应该更加肯定民间足球竞赛组织者的作用,肯定其精神追求。为此,从政府到社会和媒体,都应该营造一个关心民间足球竞赛组织、尊重民间足球竞赛组织者的氛围,鼓励那些具有责任感和荣誉感的组织者自觉为社会多做贡献,充分发挥他们在足球事业中的重要作用。我们在对民间足球竞赛组织进行物质扶持的同时,还需要注重对其组织者的精神激励,提高民间足球竞赛组织者的社会声望,使其获得道德上、精神上的满足,从而进一步激发其热情,推动民间足球竞赛组织更快更好发展。

二、对民间足球竞赛组织自身的建议

（一）在组织发展过程中注意协调组织者与参与者需求的关系

参与者与组织者的需要是民间足球竞赛组织产生与发展的内在要素,在组织的不断发展过程中,组织者与参与者的需要也在不断发展与变化,然而这一发展过程并不是完全同步的。以南岭铁狼杯七人制足球竞赛为例,进入到第三阶段,组织者的主要需要与动机结构已经由单纯的兴趣、奉献精神主导转变为使命感、社会认可、自我实现等动机主导,而其中很大一部分参与者的需求还停留在兴趣、技能主导的阶段,这些普通球员并不希望赛事进一步正式化与结构化,因为民间足球竞赛组织的正式化、结构化是伴随着竞赛场次增加、赛程密集、竞赛强度增大,以及竞赛规制严格等变化形成的,这些变化要求参与者对于足球运动付出更多的精力和时间,同时高水平球员的加入会导致竞争实力的失衡,减少了比赛的乐趣。

在组织者与参与者需要产生冲突的时候,如果组织者为了提升赛事的竞技水平以及影响力,简单地将赛事进一步结构化、制度化,会损伤参与者的积极性,损害民间足球发展的根基。竞赛组织应采用恰当的方式,在发展赛事的同时,尽量满足组织者与参与者双方的需要。在民间足球竞赛发展的现实中就有许多案例值得借鉴,如南岭铁狼足球俱乐部在"铁狼杯"七人制足球赛事不断发展升级的时候,创办了"铁狼本地杯"以满足那些不愿意参加更高水平和更规范比赛的球员之需求;还有很多赛事会采用分级赛的形式,同样也可以较好地协调组织发展所可能带来的组织者与需求者需求冲突;另外,如果本地还存在其他处于较低发展阶段的赛事,部分球员、球队由其他赛事接纳也是一种可行的解决方案。

（二）构建利益共同体,实现赛事的可持续发展

利益共同体成为西方职业体育运行的应然组织结构特征,被广泛采用。在民间足球竞赛活动中,同样存在着多元结构的利益主体。民间足球竞赛组织为参赛球队提供赛事组织服务,参赛球队付费(部分赛事免费)参与比赛,竞赛组织因参赛球队而存在,参赛球队因竞赛组织而得以进行比赛。赛事本身又会产生价值,从而得到政府的扶持与企业的赞助,在更为成熟与复杂的民间足球赛事中,还将涉及更多的利益相关者,如媒体、球迷与其他第三方组织。这些组织与个人共同决定着民间足球竞赛组织的生存与发展,只有协调好各方关系并为其创造价值,才能整合资源,激发各利益主体迈向共同目标,为组织发展打下更为坚实的基础。

我们发现赛事组织的满意度、赛事计划实现是民间足球竞赛发展的基础效率要素,参赛球队是民间足球竞赛的产生基础,所以首先需要提供优质的赛事服务,满足参与者的竞赛需求;其次,民间足球竞赛组织的第二、第三阶段均严重依赖外部资源,企业、政府、媒体等在其发展过程中起到重要推动作用,竞赛组织同样需要满足这些利益相关者的需求。企业因个人爱好或广告效应而赞助赛事,赛事组织者需要为企业提供优质的赛事服务及市场回报;政府因赛事的公共服务功能而扶持赛事,赛事组织者需要提高赛事的社会参与度以及社会影响力。

赛事的可持续发展需要组织者、参与者、合作伙伴、政府的勠力同心,所以构建以参与者满意为基础,各利益相关主体同生共赢的利益共同体是其必经之路(张兵,2016)。在利益共同体的具体形式方面,国家政策鼓励成立非职业足球联盟,条件成熟的民间足球竞赛组织可以尝试股份制形式,建立

真正意义上的联盟。粤超联赛、中国五人足球城市联盟等已经走上股份制道路，广东民间足球促进会、上海 GSL 联赛等众多竞赛组织也正着手筹建股份制联盟。

（三）积极进行市场化探索，实现组织发展与赛事市场化互促共进

我们发现民间足球竞赛组织的第二、第三阶段均严重依赖外部资源，在第三阶段参与者的经济收益动机也成为推动民间足球竞赛组织发展的主导要素之一，证明市场化是组织发展的重要推动力，组织发展也客观上促进了赛事的市场化。

本书所指涉的民间足球竞赛组织既包含营利性的赛事组织，也包含非营利性的赛事组织。营利性的赛事组织，毫无疑问，其主要以功利化目标为导向，必须进行市场化运作，那么非营利性的赛事是否可以进行市场化运作呢？我们认为市场化运作与非营利性并不矛盾，奥运会、全运会等非营利性赛事通过市场化运作，重新焕发了生机，并且其市场化行为也得到了广泛的认可。在民间足球竞赛方面，回龙观足球超级联赛的成功也已经证明了这一点（孙科、易剑东，2016）。

市场化包含了两方面：一方面是赛事产品的市场化。民间足球赛事通过赞助、冠名等商业化开发等产品市场化的方式，有效解决赛事遇到的资源瓶颈问题，从而为组织发展提供充足的外部资源。另一方面是生产要素的市场化。民间足球赛事由于其广泛的影响力以及充足的经费资源，从而通过各种付费、补贴的方式吸引高水平球员参赛，提升赛事竞技水平，以及吸引赛事管理人才的加盟，提升赛事管理水平，实现生产要素的市场化。市场化促使物质资源与人才资源向赛事聚集，从而为组织发展提供条件；组织的发展，又促使赛事水平和影响力的提升，为吸引赞助、高水平球员和管理人才提供条件，提升了赛事的市场化水平。

民间足球竞赛的未来，不应该仅仅停留在自发性的层面，而应该形成自筹资源与市场资源相结合的发展模式，实现组织发展与赛事市场化互促共进的良性循环。

第三节　研究局限与展望

本书以社会机制作为研究视角，实质上是对民间足球竞赛组织的发展

演化过程进行剖析，然而，由于研究经费和研究时限的限制，在定量研究方面，本书采取了断面分析的范式。为更准确地反映民间足球竞赛组织发展的作用关系过程，在今后的研究中，可以尝试对各样本进行一个跟踪性的定量研究，预计此项研究的调研工作需要耗时 5～10 年。

本书从内、外要素两方面研究了民间足球竞赛组织发展的推动力，内在要素包括组织者与参与者的动机两方面，外在要素包括效率与合法性两方面，即研究了推动民间足球竞赛组织不断成长的要素。虽然本书的变量中也涉及了外部资源掌控等问题，然而并非从内在条件的视角出发考虑民间足球发展的资源基础，建议学者们从民间足球竞赛组织具有的社会资本、组织者的背景与能力等组织资源视角进行相关研究，探讨组织资源与组织发展的关系。

本书探讨了民间足球竞赛组织的发展，即组织不断正式化、结构化、制度化的过程，主要涉及组织结构相关问题。然而，随着组织的日益复杂化，其潜在权利、利益冲突也将日益增多，如何构建恰当的治理结构，实现组织的责、权、利均衡，实现利益相关者利益最大化，也将成为一个重要的研究课题。另外，组织的不断发展，其中有一部分赛事将进一步市场化，也只有不断市场化才能促进组织进一步发展，市场化过程中，如何减少交易成本，促进生产要素与产品的流动，也涉及组织治理结构与治理机制的问题。所以在后续研究中，民间足球竞赛组织的治理结构将是一个值得探讨的问题。

参考文献

Anheier H K，Salamon L M. Global civil society：Dimensions of the nonprofit sector ［J］. Global Democracy Key Debates，2006，42（1）：93-107.

Arkes H R，Garske J P. Psychological theories of motivation ［M］. Brooks/Cole Pub. Co. 1977，32（s1-2）：71-82.

Boothby J，Tungatt M F，Townsend A R. Ceasing participation in sports activity：reported reasons and their implications. ［J］. Journal of Leisure Research，1981，13（1）：1-14.

Chandler A D. Strategy and structure：Chapters in the history of the American industrial enterprise ［M］// Strategy and structure：chapters in the history of the industrial enterprise. Massachusetts：M I T Press，1962：373-375.

Child J. Organization［M］. NY：Harper & Row，1984.

Collins T. Amateurism and the Rise of Managerialism：The Case of Rugby Union，1871—1995［J］. Sport in History，2010，30（1）：104-120.

Daft R L，Lengel R H. Organizational information requirements，media richness and structural design ［J］. Management Science，1986，32（5）：554-571.

Elias N，Dunning E. Quest for excitement：Sport and leisure in the civilizing process ［M］. Dublin：University College Dublin Press，2008：107-173.

Fayol，Henri. General and industrial management /-Rev. ed［M］. Institute of Electrical and Electronics Engineers，1984.

Fiedler F E . A Contingency model of leadership effectiveness［J］.

Advances in Experimental Social Psychology，1964，1(1)：149-190.

Hage J，Aiken M. Relationship of centralization to other structural properties [J]. Administrative Science Quarterly，1967，12(1)：72-92.

Halabi A K，Lightbody M，Frost L，et al. Legitimizing amateur status using financial reports：Victorian Football League clubs，1909-1912 [J]. Accounting History，2015，21(1).

H. 法约尔.工业管理与一般管理——亨利·法约尔的现实性或失去的机会[M].北京：中国社会科学出版社，1998：9.

Kennedy D，Kennedy P. Grass-roots football，autonomous activity and the forging of new social relationships [J]. Sport in Society Cultures Commerce Media Politics，2014，18(4)：1-17.

Kenneth C. Land，Walter R. Davis and Judith R. Blau. Organizing the Boys of Summer：The Evolution of U. S. Minor-League Baseball，1883-1990[J]. American Journal of Sociology，1994，100(3)：781-813.

Land K C，Davis W R，Blau J R. Organizing the boys of summer：The evolution of U. S. minor-league baseball，1883-1990[J]. American Journal of Sociology，1994，100(3)：781-813.

Liu B，Tang N，Zhu X. Public service motivation and job satisfaction in China[J]. International Journal of Manpower，2009，29(8)：684-699.

Lukas H. Sportliche Identität und Motivation im österreichischen Faustballsport[D]. Wien：University Wien，2012.

Luthans F. The Contingency Theory of Management：A path out of the jungle[J]. Business Horizons，1973，16(3)：67-72.

Meyer J W，Rowan B. Institutionalized organizations：Formal structure as myth and ceremony[J]. American Journal of Sociology，1977，83(2)：340-363.

Morris F L. A time-and space-efficient garbage compaction algorithm [J].Communications of the ACM，1978，21(8)：662-665.

Morse J J，Lorsch J W . Beyond theory Y[J]. Harvard business review，1970，48(3)：61-68.

Mullan E，Markland D，Ingledew D K. A graded conceptualization of self-determination in the regulation of exercise behavior: Development of a measure using confirmatory factor analytic procedures [J]. Personality & Individual Differences, 1997, 23(5):745-752.

Norbert Elias, Eric Dunning. Quest for excitement: sport and leisure in the civilizing process [M]. Dublin: University College Dublin Press, 2008:107-173.

O'Brien D, Slack T. Deinstitutionalizing the amateur ethic: An empirical examination of change in a rugby union football club [J]. Sport Management Review, 1999, 2(1):24-42.

Oliver C. Strategic responses to institutional processes[J]. Academy of Management Review, 1991, 16 (1): 145-179.

Parsons T. Structure and process in modern societies[M]. Glencoe: Free Press,1960:63-64.

Pelletier L G, Tuson K M, Fortier M S, et al. Toward a new measure of intrinsic motivation, extrinsic motivation, and amotivation in sports: The sport motivation scale (SMS) [J]. Journal of Sport & Exercise Psychology, 1995, 17(1):35-53.

Perry J L. Measuring public service motivation: An assessment of construct reliability and validity[J]. Public Administration Research and Theory, 1996(1):5.

Porter D. In a class of their own: A history of english amateur football [J]. The International Journal of the History of Sport, 2016(3):1-2.

Pugh D S , Hickson D J , Hinings C R . An Empirical Taxonomy of Work Organizations[J]. Administrative Science Quarterly, 1969(14). 115-126.

Pugh D S, Hickson D J, Hinings C R, et al. , The context of organizational structures [J]. Administrative Science Quarterly, 1969 (14):115-126.

Robbins S P. The theory Z organization from a power-control perspective [J]. California Management Review, 1983, 25(2):67-75.

Rogers H E. Development of a recreational exercise motivation questionnaire [J]. School of Sport & Exercise Science, 2000(1):226-239.

Rosso E G F, McGrath R. Beyond recreation: Personal social networks and social capital in the transition of young players from recreational football to formal football clubs [J]. International Review for the Sociology of Sport, 2013, 48(4):453-470.

Ryan R M, Frederick C M, Lepes D, et al. Intrinsic motivation and exercise adherence. [J]. International Journal of Sport Psychology, 1997, 28(4):335-354.

Salamon, Lester M , Sokolowski, et al. Global Civil Society[M]// Global civil society. Johns Hopkins Center for Civil Society Studies, 1999.

Sheard K. The changing structure and culture of English rugby union football [J]. Sport in Society, 2000 (3):63-87.

Steinbrink M. The role of amateur football in circular migration systems in South africa [J]. Africa Spectrum, 2010, 45(2):35-60.

Suchman M C. Managing legitimacy: Strategic and institutional approaches[J]. Academy of Management Review, 1995, 20 (3): 571-610.

Taylor F W. The principles of scientific management [M]. The Principles of Scientific Management. Harper & Brothers, 1911:28.

Tucker L. The football club: Spaces for capital accumulation [J]. Soccer & Society, 2014(11):555-570.

Watson T J. Book review: Organization: contemporary principles and practice [J]. Management Learning, 2006, 37(1):125-127.

Weber M . Die Wirtschaft und die Gesellschaftlichen Ordnungen und Mächte[M]. J.C.B. Mohr, 1921.

Weber M, Roth G, Wittich C, et al. Economy and society: An outline of interpretive sociology [J]. Sociology, 1978, 3(3):448-449.

W. 理查德·斯科特,杰拉尔德·F. 戴维斯. 组织理论:理性、自然与开放系统的视角[M]. 高俊山,译. 北京:中国人民大学出版社,2011.

Zelyurt M K. Are amateur football players really amateur? An investigation on professionalization trend of amateur football [J].

International Journal of Human Sciences，2014，11（1）：204.

Zimmerman M A，Zeitz G J. Beyond survival：Achieving new venture growth by building legitimacy[J]. Academy of Management Review，2002，27（3）：414-431.

Zucker L G. Institutional theories of organization[J]. Annual Review of Sociology，1987，13（1）：443-464.

艾伯特・赫希曼.经济发展战略[M].曹征海,潘照东,译.北京:经济科学出版社,1991.

白少杰.沈阳市草根足球联赛自组织发展的障碍及路径探讨[J].辽宁体育科技,2012(6):8-10.

白雪梅.异方差性的检验方法及评述[J].东北财经大学学报,2002(6):26-29.

包晗.业余足球俱乐部的社会作用及其发展对策研究[D].南京:南京师范大学,2012.

陈加洲,方俐洛,凌文辁.组织中的心理契约[J].管理科学学报,2001(2):74-78.

陈剑.中国社会企业家初探[D].南京:南京理工大学,2008.

陈劲,王皓白.社会创业与社会创业者的概念界定与研究视角探讨[J].外国经济与管理,2007(8):10-15.

陈善平,王云冰,容建中,潘秀刚,包静.锻炼动机量表(MPAM-R)简化版的构建和信效度分析[J].北京体育大学学报,2013,(2):66-70.

陈善平,闫振龙,谭宏彦.锻炼动机量表(MPAM-R)中文版的信度和效度分析[J].中国体育科技,2006(2):52-54.

陈郁.企业制度与市场组织:交易费用经济学文选[M].上海:上海人民出版社,2006:20-32.

崔晓阳.郑州市草根足球的开展现状与对策研究[D].新乡:河南师范大学,2014.

戴维・伯恩斯坦,吴士宏.社会企业家[J].财经,2006(11):96-96.

戴维・迈尔斯.社会心理学[M].侯王波,乐国安,张智勇,译.北京:人民邮电出版社,2016:70-87.

邸继勇,郑向鹏,江仕平.南岭村的"足球社区"样本[N].深圳特区报,

2015-09-10.

杜晶晶.社会企业家概念探析[J].时代金融,2009(11):39-41.

樊渭.西安民间足球联赛管理体制及运行机制研究[D].西安:陕西师范大学,2010.

凤飞伟,李昌战,冼余汉.前国脚:民间和青少年足球是中国足球金字塔"塔基"[N].南方日报,2012-12-26(OD02).

凤飞伟,李昌战,冼余汉.首届南岭"铁狼本地杯"足球赛新年献礼[N].南方日报,2012-12-26(OD02).

符家庆.江苏省城市群众业余足球开展现状与对策研究[D].扬州:扬州大学,2006.

付桂芳,项明强.城市居民参加体育锻炼的动机路径模型建构[J].心理科学,2013(5):1048-1053.

付鸿彦,廉晓洁.社会企业家与公益创业、社会创新[J].人民论坛,2011(32):226-227.

高凯.民政部:四类社会组织直接登记不必要审批将取消[EB/OL].(2020-09-17):201.

古尔德纳,唐亮.韦伯和他的权威结构理论[J].现代外国哲学社会科学文摘,1986(7):15-17.

古尔德纳,唐亮.韦伯和他的权威结构理论[J].现代外国哲学社会科学文摘,1986(7):15-17.

顾桥,梁东,赵伟.创业动机理论模型的构建与分析[J].科技进步与对策,2005(12):93-94.

郭振,友添秀则,刘波.西方竞技体育中身体暴力的约束——以体育科层制下的规则为视角[J].武汉体育学院学报,2012(03):17-20.

国际足联.国际足联草根足球培训手册[M].北京:人民体育出版社,2010:5-8.

郝亮,胡旭忠,栗晓燕,等.当前我国城市社区体育草根组织的运行机制研究——以回龙观地区足球协会为案例[J].体育科技,2011(1):91-95.

郝亮."回超"现象解析:公民社会视角[D].北京:首都体育学院,2011.

赫伯特·西蒙.管理行为:管理组织决策过程的研究[M].杨砾,韩春生,徐立,译.北京:北京经济学院出版社,1988:1-3.

赫伯特·西蒙.管理行为[M].詹正茂译,北京:机械工业出版社,2007.

侯广辉.技术进步、交易成本与组织演化[J].战略决策研究,2009(2):41-44.

胡艳曦,曾楚宏.论商业模式创新中的组织合法性[J].学术研究,2008(9):55-58.

姜晨,谢富纪.组织演化的复杂性研究[J].管理评论,2008(10):51-56.

杰弗里·菲佛,杰勒尔德·R.萨兰基克.组织的外部控制:对组织资源依赖的分析[M].闫蕊,译.北京:东方出版社,2006.

雷开春.社会心理学新编[M].上海:复旦大学出版社,2016.

李春光.国外著名企业家成功之路[J].中国培训,1994(1):55-56.

李刚.企业组织结构创新的机理与方法研究[D].武汉:武汉理工大学,2007.

李维安.网络组织:组织发展新趋势[M].北京:经济科学出版社,2003.

林莉红.民间组织合法性问题的法律学解析[J].中国法学,2006(1):37-46.

林震.非营利组织的发展与我国的对策[J].国家行政学院学报,2002(1):40-44.

林左鸣.试论企业家的七种精神特质[J].国防科技工业,2005(10):27-31.

刘帮成,王慧,杨文圣.薪酬满意度的测量及其作用机制研究:以政府雇员为例[J].心理科学,2008(3):717-721,706.

刘萃侠.社会心理学[M].北京:中国政法大学出版社,2016:102-110.

刘建中.协同学与社区自发性群众体育组织形成与发展机制[J].体育学刊,2009,16(8):40-43.

刘娟娟.动机理论研究综述[J].内蒙古师范大学学报(教育科学版),2004,17(7):68-70.

刘涛,聂品.足球产业风口开启5万亿投资盛宴将开席[N].上海证券报,2015-03-17.

刘新梅,赵旭,陈玮奕.流程正式化一定妨碍创造力吗——知识治理与环境不确定性的作用[J].科学学研究,2017(2):189-196.

刘兴才.权变理论与管理方式的选择[J].辽宁教育行政学院学报,2003

(11):21-23.

刘益,陈静,代晔,等.组织结构:内涵、维度与形式[J].北京印刷学院学报,2015(3):74-76.

鲁文华.西安民间足球联赛参赛队伍的组织结构研究[D].西安:陕西师范大学,2008.

陆明远.中国民间组织发展中的政府管理模式研究[D].天津:南开大学,2008.

吕树庭,卢元镇.体育社会学教程[M].北京:高等教育出版社,1995:74-75.

罗宾斯.组织行为学(第二版)[M].北京:中国人民大学出版社,1988.54-55.

罗珉.组织理论的新发展—种群生态学理论的贡献[J].外国经济与管理,2001,23(10):34-37.

马克斯·韦伯.经济与社会(下)[M].林荣远,译.北京:商务印书馆,1997:56.

毛志雄,张力为.锻炼动机研究综述[J].北京体育大学学报,1997(2):21-21.

孟凡强.对自发性群众体育组织概念的认识[J].体育成人教育学刊,2006,22(1):29-31.

孟凡强,钟晨.自发性群众体育组织研究现状与述评[J].陕西理工学院学报(社会科学版),2005,23(4):90-94.

孟凡强.自发性群众体育组织成因的理论探讨——兼论后继实证研究面临的主要课题[J].体育学刊,2006,13(2):58-61.

彭伟,顾汉杰,符正平.联盟网络、组织合法性与新创企业成长关系研究[J].管理学报,2013,10(12):1760.

钱再见.科层制组织的理性与非理性——兼论中国组织体制改革的理性化趋向[J].求实,2001(3):55-58.

丘乐威,焦峪平.珠三角民间足球联赛的发展现状与对策研究[J].体育文化导刊,2015(9):118-122.

邱林,施志社.我国"草根足球"发展研究——以"加油中国冠军联赛"为例[J].河北体育学院学报,2012(1):18-22.

曲波,郭海强,任继萍,等.结构方程模型及其应用[J].中国卫生统计,2005(6):70-74.

2017深圳第七届南岭"铁狼杯"青少年足球赛正式接受报名[EB/OL].(2020-09-17).http://www.nanlingtielang.com/News/info/id/409.html.

沈奇泰松.组织合法性视角下制度压力对企业社会绩效的影响机制研究[D].杭州:浙江大学,2010.

沈正宁,林嵩.基于权变理论的组织结构设计研究[J].生产力研究,2008(14):15-16.

盛南.社会创业导向及其形成机制研究:组织变革的视角[D].杭州:浙江大学,2009.

时立荣.从非正规就业组织到社会企业[J].理论学刊,2005(9):42-44.

宋洁.组织变迁的动力——基于组织场域的视角[J].中国物价,2011(12):58-60.

宋雅琦.我国城市社区自发性群众体育组织研究——以回龙观足球联赛为例[D].北京:北京体育大学,2016.

苏雪梅.论组织的正式化过程[J].商业时代,2012(19):73-75.

孙国强.网络组织的内涵、特征与构成要素[J].南开管理评论,2001(4):38-40.

孙晶.西方组织合法性理论评析[J].东南大学学报(哲学社会科学版),2009(S1):57-60.

孙科,易剑东.中国"草根足球"面面观[J].体育学刊,2016(2):75-80.

唐卫东,程勇,陈祖新,等.组织设计的系统理论与权变理论的统一[J].合肥工业大学学报:社会科学版,1991(1):97-100.

陶清清.十年树木,南岭村社区足球迎来春天[N].南方日报,2015-03-25(OD02).

陶清清.张育军:草根足球人的社区足球梦[N].南方日报,2013-06-05(OD02).

田凯.西方非营利组织理论述评[J].中国行政管理,2003(6):60-65.

"铁狼"的青训足球生态链[N].晶报,2017-04-17(A32).

涂薇,余嘉元,夏春.分离中的社会认同[J].安徽农业大学学报(社会科学版),2008(3):107-110.

万作芳,任海宾.学校的双重角色:科层理性组织和制度化组织[J].清华大学教育研究,2011(4):68-72.

王斌,高晨.组织设计、管理控制系统与财权制度安排[J].会计研究,2003(3):15-22.

王皓白.社会创业动机、机会识别与决策机制研究[D].杭州:浙江大学,2010.

王礼力.农村合作经济理论与组织变迁研究[D].西安:西北农林科技大学,2003.

王立新.昆明市业余足球市场化运营研究[J].山东体育科技,2009(2):88-89.

王利平,葛建华.组织的正式化限度与非正式组织[J].浙江社会科学,2009(4):56-61.

王利平,苏雪梅.组织的正式化及其限度[J].中国人民大学学报,2009(3):112-118.

王璞,何平.组织结构设计咨询实务[M].北京:中信出版社,2003.

王伟平.民间非营利体育组织发展要素研究[D].福州:福建师范大学,2008.

王亚娟.组织演化的方向和能力——基于路径依赖理论的拓展分析[J].管理现代化,2014(1):33-35.

王妍苏,郑芳.我国职业足球俱乐部后备人才培养模式的历史演进研究[J].浙江体育科学,2016(2):14-17.

王哲.西方权变理论对我国管理的启示[J].管理现代化,1995(1):41-42.

温忠麟,吴艳.潜变量交互效应建模方法演变与简化[J].心理科学进展,2010(8):1306-1313.

文东华,潘飞,陈世敏.环境不确定性、二元管理控制系统与企业业绩实证研究——基于权变理论的视角[J].管理世界,2009(10):102-114.

吴培良,郑明身,王凤彬.组织理论与设计[M].北京:中国人民大学出版社,1998:55-57

吴香芝,张林,张颖慧,等.我国区域性体育联赛运作模式分析与研究——以五人制足球珠超联赛和粤超联赛为例[J].沈阳体育学院学报,

2012(2):45-49.

武志华.山西省部分城市民间足球组织发展现状及影响因素研究[D].临汾:山西师范大学,2015.

新体.第十四届南岭铁狼杯足球赛开幕32支民间球队角逐冠军[EB/OL].(2020-09-17)[2016-07-12].http://sports.sina.com.cn/china/other/2016-07-12/doc-ifxtwihq0103238.shtml.

薛红志.创业团队、正式结构与新企业绩效[J].管理科学,2011(1):1-10.

亚瑟·C.布鲁克斯.社会创业:创造社会价值的现代方法[M].李华晶,译.北京:机械工业出版社,2009:14-27.

杨成伟,王平.全民健身活动视野下的"民间足球"组织行为研究[J].内蒙古体育科技,2010(3):107-108.

杨升平.体育竞赛组织及其形成演化机制研究[D].杭州:浙江大学,2015.

杨宇,郑垂勇."社会企业家精神"概念评述[J].生产力研究,2007(21):145-147.

殷恒婵.青少年业余足球运动员运动倾向性5因素结构模型初探[J].体育科学,1997(5):75-79.

于国安.政府购买公共服务评析及政策建议[J].经济研究参考,2011(46):36-41.

于航.太原市业余足球开展与发展现状及对策研究[D].太原:太原理工大学,2017.

余胜容,李昌战.张育军:醉心足球热心慈善[N].羊城晚报,2012-11-01.

曾楚宏,朱仁宏,李孔岳.新创企业成长的组织合法性获取机制[J].财经科学,2009(8):64-72.

曾建国.医科大学生社会创业动机及其影响因素研究[J].2014(12):33-36.

张爱卿.论人类行为的动机——一种新的动机理论构理[J].华东师范大学学报:教育科学版,1996(1):71-80.

张兵.从脱域到共同体:我国职业体育组织演化的经济社会学分析[J].

体育科学,2016(6):37-45.

张红坚,段黔冰.农村体育组织方式选择与农村体育组织建设——基于自组织理论视角[J].北京体育大学学报,2009(2):25-27.

张惠屏,屈宏伟.称冠全国的铁狼足球队寻求新突破[N].深圳商报,2015-05-08.

张剑平.昆明市业余足球比赛竞赛组织形式特征研究[D].北京:北京体育大学,2014.

张金桥,鲁文华,雷敏.西安城市业余体育赛事发展问题研究[J].中国体育科技,2011(3):126-136.

张力为,毛志雄.体育科学常用心理量表评定手册[M].北京:北京体育大学出版社,2004:95-98.

张平,陈善平,潘秀刚,等.锻炼行为和锻炼动机的跨理论研究[J].武汉体育学院学报,2009(4):58-61.

张腾.企业私下战略行为的规制合法性形成机制研究[D].上海:华东理工大学,2010.

张铁明,谭延敏,陈善平,等.农村非正式结构体育社团形成的群体动力效应研究[J].体育与科学,2010(4):51-58.

张铁明,谭延敏,刘志红,高爱民,董启林.农村非正式结构体育社团的发展研究[J].体育科学,2009(11):25-42.

张晓军,席酉民,葛京.基于核心要素创造视角的组织演化动力研究[J].管理科学学报,2013(1):22-35.

赵国祥.论马斯洛的动机理论[J].河南大学学报(哲学社会科学版),1996(1):96-100.

赵孟营.论组织理性[J].社会学研究,2002(4):77-87.

赵孟营.组织合法性:在组织理性与事实的社会组织之间[J].北京师范大学学报(社会科学版),2005(2):119-125.

赵少聪.从厦足联盟看草根体育组织的生存困境与对策[J].厦门理工学院学报,2013(3):93-97.

赵升,张廷安.我国城市群众足球赛组织途径及策略探讨[J].北京体育大学学报,2013(1):127-133.

赵卫亚.利用 EViews 软件检验和处理模型的多重共线性[J].统计与

决策,2008(6):147-148.

周雪光.组织社会学十讲[M].北京:社会科学文献出版社,2003:14-18.

朱国云.组织理论历史与流派[M].南京:南京大学出版社,1997.

祖良荣,陆华良.社会企业家精神:一个管理学研究前沿[J].南京财经大学学报,2011(4):32-41.

附录 1

专家咨询问卷

尊敬的专家：

您好，感谢您能抽出宝贵的时间阅读和填写咨询问卷！

鉴于您在本领域的学术成就与实践经验，请您就民间足球竞赛组织发展内、外要素作用关系的相关问题填写问卷，您的意见将对研究有很大的帮助。本研究旨在通过理论分析探讨民间足球竞赛组织发展的一般性机制，需要对"民间足球竞赛组织发展""民间足球竞赛组织发展的内在要素"以及"民间足球竞赛组织发展的外在要素"三方面进行测评，请您对维度的安排进行评判。本问卷仅供学术研究之用，请您放心填写，非常感谢您的支持！

联系人：＿＿＿＿＿＿　电话：＿＿＿＿＿＿　邮箱：＿＿＿＿＿＿

通信地址：＿＿＿＿＿＿＿＿＿＿＿＿＿＿＿＿＿＿＿＿＿＿＿＿

请您填写好您的联系方式，以便今后将本研究成果发送给您。

姓名：＿＿＿＿　所在单位：＿＿＿＿＿＿　岗位（职称）：＿＿＿＿＿＿

电子邮箱：＿＿＿＿＿＿　手机：＿＿＿＿＿＿＿＿＿＿＿＿＿＿＿＿

一、前言

（一）相关概念解释

民间足球竞赛组织：由大众自发形成的以组织足球竞赛为目标的具有一定社会结构的社会集体。

（二）问卷预计发放对象：民间足球竞赛的组织者与参与者（球员）

二、民间足球竞赛组织发展的测量

请根据您的意见填写以下项目，并在相应的位置打钩。

表 1　民间足球竞赛组织发展的分类维度（问卷发放对象：竞赛组织者）

编号	分类维度	重要性				
		不重要	不太重要	一般	比较重要	非常重要
1	复杂性					
2	正式化					
3	集权性					

1.您认为以上维度的划分是否合理？

（1）合理　　（2）基本恰当　　（3）不合理

2.对于以上分类维度，您是否有一些建议，是否有需要添加的类别？

_____

_____

三、民间足球竞赛组织发展的内在要素测量

请根据您的意见填写以下项目，并在相应的位置打钩。

表 2　民间足球竞赛组织发展内在要素的组织者动机的分类维度
（问卷发放对象：竞赛组织者）

编号	分类维度	重要性				
		不重要	不太重要	一般	比较重要	非常重要
1	个人兴趣					
2	奉献精神					
3	使命感					
4	风险和不确定性					
5	经济利益					
6	社会认可					
7	自我实现					

1.您认为以上维度的划分是否合理？

(1)合理　　(2)基本恰当　　(3)不合理

2.对于以上分类维度,您是否有一些建议,是否有需要删减或者添加的类别?

_____

_____

表3　民间足球竞赛组织发展内在要素的参与者动机的分类维度
[问卷发放对象:竞赛参与者(球员)]

编号	分类维度	重要性				
		不重要	不太重要	一般	比较重要	非常重要
1	社交					
2	外貌					
3	技能					
4	健康					
5	乐趣					
6	自我实现					
7	心理归属					
8	经济利益					

1.您认为以上维度的划分是否合理？

(1)合理　　(2)基本恰当　　(3)不合理

2.对于以上分类维度,您是否有一些建议,是否有需要删减或者添加的类别?

_____

_____

四、民间足球竞赛组织发展的外在要素测量

请根据您的意见填写以下项目,并在相应的位置打钩。

表 4   民间足球竞赛组织发展外在要素的效率机制的分类维度

(问卷发放对象:竞赛组织者)

编号	分类维度	重要性				
		不重要	不太重要	一般	比较重要	非常重要
1	赛事计划实现度					
2	赛事组织满意度					
3	内部权力均衡度					
4	赛事规模					
5	组织吸引力					
6	赛事级别					
7	赛事水平					
8	外部资源掌控程度					

1.您认为以上维度的划分是否合理?

(1)合理   (2)基本恰当   (3)不合理

2.对于以上分类维度,您是否有一些建议,是否有需要删减或者添加的类别?

_____

_____

表 5   民间足球竞赛组织发展外在要素的合法性机制的分类维度

(问卷发放对象:竞赛组织者)

编号	分类维度	重要性				
		不重要	不太重要	一般	比较重要	非常重要
1	规制性机制					
2	规范性机制					
3	认知性机制					

1.您认为以上维度的划分是否合理?

(1)合理   (2)基本恰当   (3)不合理

2.对于以上分类维度,您是否有一些建议,是否有需要删减或者添加的类别?

_____

_____

再次感谢您的支持,祝您事事顺心!

附录 2

问卷效度检验所咨询的专家名单

编号	姓名	职称/岗位	单位	研究领域
1	丛湖平	教授	浙江大学	体育经济学
2	郑 芳	教授	浙江大学	职业体育
3	杨升平	讲师	山西财经大学	体育竞赛组织
4	李 军	赛事组织者	广东足球超级联赛广州赛区	体育竞赛组织
5	宋存强	赛事组织者	松江业余足球联赛	体育竞赛组织
6	高 辉	赛事组织者	上海 G 联赛	体育竞赛组织
7	邓海军	赛事组织者	深圳铁狼杯足球赛	体育竞赛组织
8	许 斌	赛事组织者	长沙星沙城际业余足球联赛	体育竞赛组织
9	赵 凯	赛事组织者	中国城市足球联盟七人联赛长沙赛区	体育竞赛组织
10	袁 健	赛事组织者	长沙七人联盟杯足球赛	体育竞赛组织

附录 3

民间足球竞赛组织者调查问卷

亲爱的球迷朋友：

您好，感谢您能抽出宝贵的时间阅读和填写问卷！本问卷旨在调查民间足球竞赛发展的现状，以便提取民间足球竞赛发展的规律。本问卷仅供学术研究之用，没有任何商业用途。如有需要，我们可向您提供最终的研究成果。非常感谢您的支持！

联系人：_____ 电话：_____ 邮箱：_____

通信地址：_____

_____

一、民间足球竞赛的基本情况

请您就以下问题根据所在赛事的情况在相应的地方填写。

1. 赛事名称：_____

2. 赛事组织者的身份是（勾选√，有其他机构的请补充）：

□本地足协　　□当地政府　　□社区或街道办事处　　□企业

□业余足球队领队、队长　　　□场地出租者　　　　□赛事经营者

其他_____

3. 赛事的赛制是_____人制（如果还有其他赛制，请补充：_____人制；_____人制）。

4. 赛事已经举办了_____届。

5. 赛事级别/覆盖区域（勾选 √）：

（□国家　□省　□市　□区县　□乡镇、街道）

6.赛事如果是封闭的,参加赛事的球队数量为_____支;赛事如果是开放的,参加赛事的球队数量一般为_____支,其中_____支经常参加（开放与封闭只选择一种回答）。

7.赛事是否分级（勾选√）:□是　　□否

8.赛事是否有商业赞助（勾选√）:□是　　□否

9.赛事参赛费用_____元人民币。

二、民间足球竞赛组织情况的调查

1.赛事有以下职能机构（勾选√,可多选,有其他机构的请补充）:

□办公室（秘书处）　　□市场开发委员会（开发部）

□竞赛委员会（竞赛部）　□技术委员会　　□裁判委员会

□诉讼委员会　　□新闻委员会　　□教练委员会

其他:_____

2.在赛事的组织机构中,从最高层到职能部门的职员有_____层。

3.赛事组织机构中有_____个固定职位。

4.对于赛事组织工作流程,请根据您所在民间足球竞赛组织的实际情况进行勾选（√）,题目中1、2、3、4、5表示程度从低到高。

赛事组织工作流程的评价	1	2	3	4	5
竞赛活动组织程序（赛前准备、赛中管理、赛后评估）的标准化程度					
赛事组织机构与参赛队伍,以及参赛队伍之间的沟通程序的标准化程度					
竞赛规程（竞赛时间、地点、参赛队、规则、申诉等）的成文化程度					
组织内其他管理制度（组织章程、人事制度、财务制度等）的成文化程度					

5.对于赛事组织的决策,请根据您所在民间足球赛事组织的实际情况进行勾选（√）,题目中1、2、3、4、5表示程度从低到高。

赛事组织决策的评价	1	2	3	4	5
职能部门的临场自主决策权程度					
职能部门在竞赛活动组织决策中的参与程度					
球队代表在竞赛活动组织决策中的参与程度					

三、民间足球赛事组织工作的调查

1. 对于赛事组织工作情况,请根据您所在民间足球赛事组织的实际情况进行勾选(√),题目中1、2、3、4、5表示程度从低到高。

赛事的组织工作情况	1	2	3	4	5
对客观原因造成竞赛计划变动的规避程度					
对人为原因造成竞赛计划变动的规避程度					
对球队比赛场次要求的满足程度					
球员/球队对赛事公平性的认可程度					
球员/球队对赛制、赛程安排的满意程度					
球员/球队对管理沟通过程的满意程度					
球员/球队对赛事安全、后勤保障的满意程度					
球队主动退出联盟的规避程度					
吸引新球队加入联盟的能力					
联盟内各主体(联盟管理者、球队、球员等)权力冲突的规避程度					
联盟内各主体(联盟管理者、球队、球员)利益冲突的规避程度					
联盟内各主体(联盟管理者、球队、球员)责任冲突的规避程度					
联盟各球队的竞争实力均衡程度					
球队/球员的(场上)个人能力					
球队/球员的技战术水平					

2. 对于赛事资源掌控的情况,请根据您所在民间足球竞赛组织的实际情况进行勾选(√),题目中1、2、3、4、5表示程度从低到高。

赛事的资源掌控情况	1	2	3	4	5
联盟获得政府扶持的程度					
联盟商业化开发的程度					
联盟受到媒体关注的程度					
联盟对投资者的吸引力程度					
联盟对管理人才的吸引力程度					

3. 对于赛事法律、法规、政策符合性程度,请根据您所在民间足球竞赛组织的实际情况进行勾选(√),题目中1、2、3、4、5表示程度从低到高。

赛事的法律、法规、政策符合性程度	1	2	3	4	5
联盟行为符合法律、法规、政策的程度					
联盟规则符合法律、法规、政策的程度					

4. 对于竞赛组织行为和规则获得社会认可情况,请根据您所在民间足球竞赛组织的实际情况进行勾选(√),题目中1、2、3、4、5表示程度从低到高。

我所在赛事的行为和规则获得社会认可情况	1	2	3	4	5
联盟行为和规则符合政府和足协期待的程度					
联盟行为和规则符合专业足球人期待的程度					
联盟行为和规则符合媒体期待的程度					
联盟行为和规则符合赞助商期待的程度					
联盟行为和规则符合公众期待的程度					

5. 对于赛事组织和制度受到内部认同的情况,请根据您所在民间足球赛事组织的实际情况进行勾选(√),题目中1、2、3、4、5表示程度从低到高。

关于赛事组织和制度设计的评价	1	2	3	4	5
我认为联盟的组织和制度设计是合理的					
我认为联盟的组织和制度设计是完善的					
球队/球员对联盟的组织和制度设计合理性的评价					
球队/球员对联盟的组织和制度设计完善程度的评价					

四、有关民间足球竞赛组织者动机的调查

以下问题基于您组织足球竞赛动机的分析,请根据您的实际情况进行勾选(√),题目中 1、2、3、4、5 表示程度从低到高。

组织足球赛事的动机	1	2	3	4	5
因为我自己喜欢足球					
我有义务促进联盟的发展壮大					
我愿意为公共利益奉献自己的力量					
我希望为地方的体育文化发展有所贡献					
联盟是我与球友们一个交流、娱乐的平台					
能领导更多的人和调动更多资源让我很有成就感					
我希望组织赛事获得经济收益					
我希望对中国足球发展和振兴有所贡献					
我希望提升个人能力					
责任比自我实现更重要					
我希望扩大自己的社会声誉和影响					
即使没有报酬,我也愿意服务他人					
我的乐趣就是最大程度发挥自己的潜能					
我希望获得更加广泛的社会关系					
成为一个优秀的联盟让我很有成就感					
我希望获得亲人、朋友的认可					
组织联盟经常让我感觉很快乐					
我希望得到政府对我的认可					

再次感谢您的支持,祝您事事顺心。

附录 4

民间足球竞赛球员(参与者)调查问卷

亲爱的球迷朋友:

您好,感谢您能抽出宝贵的时间阅读和填写问卷!本问卷旨在调查民间足球竞赛发展的现状,以便提取民间足球竞赛发展的规律。本问卷仅供学术研究之用,没有任何商业用途。如有需要,我们可向您提供最终的研究成果。非常感谢您的支持!

联系人:_____ 电话:_____ 邮箱:_____
通信地址:_____
_____

一、您的个人基本情况

请您就以下问题根据实际情况在相应的地方填写。

1.您参与的足球赛事名称:_____

2.您的年龄是(勾选 √):

□18 岁以下 □18～25 岁 □26～35 岁 □36～45 岁
□45 岁以上

3.您的个人月收入状况是(勾选 √):

□2500 元及以下 □2501～3500 元 □3501～5000 元
□5001～7000 元 □7001～10000 元 □10000 元以上

4.参赛(报名)费用为_____元人民币;

5.您参与足球比赛的频数是:(勾选 √)

☐每月 1～2 次　　☐每月 3～4 次　　☐每月 5～6 次

☐每月 6～8 次　　☐每月 8 次以上

二、您参与足球赛事的动机

以下问题基于您参与足球运动与足球赛事动机的分析,请根据您的实际情况进行勾选(√),题目中 1、2、3、4、5 表示程度从低到高。

我参与足球运动与足球竞赛的动机	1	2	3	4	5
我想增进与朋友的感情和友谊					
我想保持良好的社会关系					
我想享受快乐的生活					
我想获得新的运动技能					
我想展现自己的能力					
我想认识一些新朋友					
我想参加娱乐性强的活动					
我想提高现有的运动技能					
我想超越竞争对手					
我想赢得社会荣誉					
我想通过踢球谋生					
我想让亲友为我的成绩感到骄傲					
我想通过踢球赚钱					
我想保持目前的运动技术水平					
我想保持愉快的心情					
我想挑战与超越自己					
我想得到队友的赞许和认可					
我想通过踢球获得工资					

再次感谢您的支持,祝您事事顺心。